心一堂術數珍本古籍叢刊

書名：玄空挨星秘圖　附堪輿指迷
系列：心一堂術數古籍珍本叢刊　堪輿類　第一輯　75
作者：心一堂編
主編、責任編輯：陳劍聰
心一堂術數古籍珍本叢刊編校小組：陳劍聰　素聞　梁松盛　鄒偉才　虛白盧主

出版：心一堂有限公司
地址／門市：香港九龍尖沙咀東麼地道六十三號好時中心LG 六十一室
電話號碼：+852-6715-0840　+852-3466-1112
網址：sunyata.cc
publish.sunyata.cc
電郵：sunyatabook@gmail.com
網上書店：http://book.sunyata.cc
網上論壇：http://bbs.sunyata.cc/

版次：二零一五年一月初版
平裝

定價：港幣　二百五十八元正
人民幣　二百五十八元正
新台幣　九百八十元正

國際書號：ISBN 978-988-8266-85-2

香港及海外發行：香港聯合書刊物流有限公司
地址：香港新界大埔汀麗路三十六號中華商務印刷大廈三樓
電話號碼：+852-2150-2100
傳真號碼：+852-2407-3062
電郵：info@suplogistics.com.hk

台灣發行：秀威資訊科技股份有限公司
地址：台灣台北市內湖區瑞光路七十六巷六十五號一樓
電話號碼：+886-2-2796-3638
傳真號碼：+886-2-2796-1377
網絡書店：www.bodbooks.com.tw
台灣讀者服務中心：國家書店
地址：台灣台北市中山區松江路二〇九號一樓
電話號碼：+886-2-2518-0207
傳真號碼：+886-2-2518-0778
網絡書店：http://www.govbooks.com.tw/

中國大陸發行・零售：心一堂書店
深圳地址：中國深圳羅湖立新路六號東門博雅負一層零零八號
電話號碼：+86-755-8222-4934
北京地址：中國北京東城區雍和宮大街四十號
心一店淘寶網：http://sunyatacc.taobao.com

心一堂術數古籍 珍本叢刊 整理 總序

術數定義

術數，大概可謂以「推算（推演）、預測人（個人、群體、國家等）、事、物、自然現象、時間、空間方位等規律及氣數，並或通過種種『方術』，從而達致趨吉避凶或某種特定目的」之知識體系和方法。

術數類別

我國術數的內容類別，歷代不盡相同，例如《漢書・藝文志》中載，漢代術數有六類：天文、曆譜、五行、蓍龜、雜占、形法。至清代《四庫全書》，術數類則有：數學、占候、相宅相墓、占卜、命書、相書、陰陽五行、雜技術等，其他如《後漢書・方術部》、《藝文類聚・方術部》、《太平御覽・方術部》等，對於術數的分類，皆有差異。古代多把天文、曆譜、及部分數學均歸入術數類，而民間流行亦視傳統醫學作為術數的一環；此外，有些術數與宗教中的方術亦往往難以分開。現代民間則常將各種術數歸納為五大類別：命、卜、相、醫、山，通稱「五術」。

本叢刊在《四庫全書》的分類基礎上，將術數分為九大類別：占筮、星命、相術、堪輿、選擇、三式、讖諱、理數（陰陽五行）、雜術（其他）。而未收天文、曆譜、算術、宗教方術、醫學。

術數思想與發展——從術到學，乃至合道

我國術數是由上古的占星、卜筮、形法等術發展下來的。其中卜筮之術，是歷經夏商周三代而通過「龜卜、蓍筮」得出卜（筮）辭的一種預測（吉凶成敗）術，之後歸納並結集成書，此即現傳之《易

經》。經過春秋戰國至秦漢之際，受到當時諸子百家的影響、儒家的推崇，遂有《易傳》等的出現，原本是卜筮術書的《易經》，被提升及解讀成有包涵「天地之道（理）」之學。因此，《易・繫辭傳》曰：「易與天地準，故能彌綸天地之道。」

漢代以後，易學中的陰陽學說，與五行、九宮、干支、氣運、災變、律曆、卦氣、讖緯、天人感應說等相結合，形成易學中象數系統。而其他原與《易經》本來沒有關係的術數，如占星、形法、選擇，亦漸漸以易理（象數學說）為依歸。《四庫全書・易類小序》云：「術數之興，多在秦漢以後。要其旨，不出乎陰陽五行，生尅制化。實皆《易》之支派，傳以雜說耳。」至此，術數可謂已由「術」發展成「學」。

及至宋代，術數理論與理學中的河圖洛書、太極圖、邵雍先天之學及皇極經世等學說給合，通過術數以演繹理學中「天地中有一太極，萬物中各有一太極」（《朱子語類》）的思想。術數理論不單已發展至十分成熟，而且也從其學理中衍生一些新的方法或理論，如《梅花易數》、《河洛理數》等。

在傳統上，術數功能往往不止於僅僅作為趨吉避凶的方術，及「能彌綸天地之道」的學問，亦有其「修心養性」的功能，「與道合一」（修道）的內涵。《素問・上古天真論》：「上古之人，其知道者，法於陰陽，和於術數。」數之意義，不單是外在的算數、歷數、氣數，而是與理學中同等的「道」、「理」——心性的功能，北宋理氣家邵雍對此多有發揮：「聖人之心，是亦數也」、「萬化萬事生乎心」、「心為太極」。《觀物外篇》：「先天之學，心法也。……蓋天地萬物之理，盡在其中矣，心一而不分，則能應萬物。」反過來說，宋代的術數理論，受到當時理學、佛道及宋易影響，認為心性本質上是等同天地之太極。天地萬物氣數規律，能通過內觀自心而有所感知，即是內心也已具備有術數的推演及預測、感知能力；相傳是邵雍所創之《梅花易數》，便是在這樣的背景下誕生。

《易・文言傳》已有「積善之家，必有餘慶；積不善之家，必有餘殃」之說，至漢代流行的災變說及讖緯說，我國數千年來都認為天災，異常天象（自然現象），皆與一國或一地的施政者失德有關；下至家族、個人之盛衰，也都與一族一人之德行修養有關。因此，我國術數中除了吉凶盛衰理數之外，人心的德行修養，也是趨吉避凶的一個關鍵因素。

術數與宗教、修道

在這種思想之下，我國術數不單只是附屬於巫術或宗教行為的方術，又往往是一種宗教的修煉手段--通過術數，以知陰陽，乃至合陰陽（道）。「其知道者，法於陰陽，和於術數。」例如，「奇門遁甲」術中，即分為「術奇門」與「法奇門」兩大類。「法奇門」中有大量道教中符籙、手印、存想、內煉的內容，是道教內丹外法的一種重要外法修煉體系。甚至在雷法一系的修煉上，亦大量應用了術數內容。此外，相術、堪輿術中也有修煉望氣（氣的形狀、顏色）的方法；堪輿家除了選擇陰陽宅之吉凶外，也有道教中選擇適合修道環境（法、財、侶、地中的地）的方法，以至通過堪輿術觀察天地山川陰陽之氣，亦成為領悟陰陽金丹大道的一途。

易學體系以外的術數與的少數民族的術數

我國術數中，也有不用或不全用易理作為其理論依據的，如揚雄的《太玄》、司馬光的《潛虛》。也有一些占卜法、雜術不屬於《易經》系統，不過對後世影響較少而已。

外來宗教及少數民族中也有不少雖受漢文化影響（如陰陽、五行、二十八宿等學說。）但仍自成系統的術數，如古代的西夏、突厥、吐魯番等占卜及星占術，藏族中有多種藏傳佛教占卜術、苯教占卜術、擇吉術、推命術、相術等；北方少數民族有薩滿教占卜術；不少少數民族如水族、白族、布朗族、佤族、彝族、苗族等，皆有占雞（卦）草卜、雞蛋卜等術，納西族的占星術、占卜術，彝族畢摩的推命術、占卜術……等等，都是屬於《易經》體系以外的術數。相對上，外國傳入的術數以及其理論，對我國術數影響更大。

曆法、推步術與外來術數的影響

我國的術數與曆法的關係非常緊密。早期的術數中，很多是利用星宿或星宿組合的位置（如某星在某州或某宮某度）付予某種吉凶意義，并據之以推演，例如歲星（木星）、月將（某月太陽所躔之宮次）等。不過，由於不同的古代曆法推步的誤差及歲差的問題，若干年後，其術數所用之星辰的位置，已與真實星辰的位置不一樣了；此如歲星（木星），早期的曆法及術數以十二年為一周期（以應地支），與木星真實周期十一點八六年，每幾十年便錯一宮。後來術家又設一「太歲」的假想星體來解決，是歲星運行的相反，週期亦剛好是十二年。而術數中的神煞，很多即是根據太歲的位置而定。又如六壬術中的「月將」，原是立春節氣後太陽躔娵訾之次而稱作「登明亥將」，至宋代，因歲差的關係，要到雨水節氣後太陽才躔娵訾之次，當時沈括提出了修正，但明清時六壬術中「月將」仍然沿用宋代沈括修正的起法沒有再修正。

由於以真實星象周期的推步術是非常繁複，而且古代星象推步術本身亦有不少誤差，大多數術數除依曆書保留了太陽（節氣）、太陰（月相）的簡單宮次計算外，漸漸形成根據干支、日月等的各自起例，以起出其他具有不同含義的眾多假想星象及神煞系統。唐宋以後，我國絕大部分術數都主要沿用這一系統，也出現了不少完全脫離真實星象的術數，如《子平術》、《紫微斗數》、《鐵版神數》等。後來就連一些利用真實星辰位置的術數，如《七政四餘術》及選擇法中的《天星選擇》，也已與假想星象及神煞混合而使用了。

隨着古代外國曆（推步）、術數的傳入，如唐代傳入的印度曆法及術數，元代傳入的回回曆等，其中我國占星術便吸收了印度占星術中羅睺星、計都星等而形成四餘星，又通過阿拉伯占星術而吸收了其中來自希臘、巴比倫占星術的黃道十二宮、四大（四元素）學說（地、水、火、風），並與我國傳統的二十八宿、五行說、神煞系統並存而形成《七政四餘術》。此外，一些術數中的北斗星名，不用我國傳統的星名：天樞、天璇、天璣、天權、玉衡、開陽、搖光，而是使用來自印度梵文所譯的：貪狼、巨門、祿存、文曲，廉貞、武曲、破軍等，此明顯是受到唐代從印度傳入的曆法及占星術所影響。如星命術中的《紫微斗數》及堪輿術中的《撼龍經》等文獻中，其星皆用印度譯名。及至清初《時憲曆》，置閏之法則改用西法「定氣」。清代以後的術數，又作過不少的調整。

此外，我國相術中的面相術、手相術，唐宋之際受印度相術影響頗大，至民國初年，又通過翻譯歐西、日本的相術書籍而大量吸收歐西相術的內容，形成了現代我國坊間流行的新式相術。

陰陽學——術數在古代、官方管理及外國的影響

術數在古代社會中一直扮演着一個非常重要的角色，影響層面不單只是某一階層、某一職業、某一年齡的人，而是上自帝王，下至普通百姓，從出生到死亡，不論是生活上的小事如洗髮、出行等，大事如建房、入伙、出兵等，從個人、家族以至國家，從天文、氣象、地理到人事、軍事，從民俗、學術到宗教，都離不開術數的應用。我國最晚在唐代開始，已把以上術數之學，稱作陰陽（學），行術數者稱陰陽人。（敦煌文書、斯四三二七唐《師師漫語話》：「以下說陰陽人謾語話」，此說法後來傳入日本，今日本人稱行術數者為「陰陽師」）。一直到了清末，欽天監中負責陰陽術數的官員中，以及民間術數之士，仍名陰陽生。

古代政府的中欽天監（司天監），除了負責天文、曆法、輿地之外，亦精通其他如星占、選擇、堪輿等術數，除在皇室人員及朝庭中應用外，也定期頒行日書、修定術數，使民間對於天文、日曆用事吉凶及使用其他術數時，有所依從。

我國古代政府對官方及民間陰陽學及陰陽官員，從其內容、人員的選拔、培訓、認證、考核、律法監管等，都有制度。至明清兩代，其制度更為完善、嚴格。

宋代官學之中，課程中已有陰陽學及其考試的內容。（宋徽宗崇寧三年〔一一零四年〕崇寧算學令：「諸學生習……並曆算、三式、天文書。」「諸試……三式即射覆及預占三日陰陽風雨。天文即預

定一月或一季分野災祥，並以依經備草合問為通。」

金代司天臺，從民間「草澤人」（即民間習術數人士）考試選拔：「其試之制，以《宣明曆》試推步，及《婚書》、《地理新書》試合婚、安葬，並《易》筮法，六壬課、三命、五星之術。」（《金史》卷五十一・志第三十二・選舉一）

元代為進一步加強官方陰陽學對民間的影響、管理、控制及培育，除沿襲宋代、金代在司天監掌管陰陽學及中央的官學陰陽學課程之外，更在地方上增設陰陽學課程（《元史・選舉志一》：「世祖至元二十八年夏六月始置諸路陰陽學。」）地方上也設陰陽學教授員，培育及管轄地方陰陽人。（《元史・選舉志一》：「（元仁宗）延祐初，令陰陽人依儒醫例，於路、府、州設教授員，凡陰陽人皆管轄之，而上屬於太史焉。」）自此，民間的陰陽術士（陰陽人），被納入官方的管轄之下。

至明清兩代，陰陽學制度更為完善。中央欽天監掌管陰陽學，明代地方縣設陰陽學正術，各州設陰陽學典術，各縣設陰陽學訓術。陰陽人從地方陰陽學肆業或被選拔出來後，再送到欽天監考試。（《大明會典》卷二二三：「凡天下府州縣舉到陰陽人堪任正術等官者，俱從吏部送（欽天監），考中，送回選用；不中者發回原籍為民，原保官吏治罪。」）清代大致沿用明制，凡陰陽術數之流，悉歸中央欽天監及地方陰陽官員管理、培訓、認證。至今尚有「紹興府陰陽印」、「東光縣陰陽學記」等明代銅印，及某某縣某某之清代陰陽執照等傳世。

清代欽天監漏刻科對官員要求甚為嚴格。《大清會典》「國子監」規定：「凡算學之教，設肄業生。滿洲十有二人，蒙古、漢軍各六人，於各旗官學內考取。漢十有二人，於舉人、貢監生童內考取。附學生二十四人，由欽天監選送。教以天文演算法諸書，五年學業有成，舉人引見以欽天監博士用，貢監生童以天文生補用。」學生在官學肄業、貢監生肄業或考得舉人後，經過了五年對天文、算法、陰陽學的學習，其中精通陰陽術數者，會送往漏刻科。而在欽天監供職的官員，《大清會典則例》「欽天監」規定：「本監官生三年考核一次，術業精通者，保題升用。不及者，停其升轉，再加學習。如能黽勉供職，即予開復。仍不及者，降職一等，再令學習三年，能習熟者，准予開復，仍不能者，黜退。」除定期考核以定其升用降職外，《大清律例》中對陰陽術士不準確的推斷（妄言禍福）是要治罪的。《大清律例・一七八・術七・妄言禍福》：「凡陰陽術士，不許於大小文武官員之家妄言禍福，違者杖一百。其依經推算星命卜課，不在禁限。」大小文武官員延請的陰陽術士，自然是以欽天監漏刻科官員或地方陰陽官員為主。

官方陰陽學制度也影響鄰國如朝鮮、日本、越南等地，一直到了民國時期，鄰國仍然沿用着我國的多種術數。而我國的漢族術數，在古代甚至影響遍及西夏、突厥、吐蕃、阿拉伯、印度、東南亞諸國。

術數研究

術數在我國古代社會雖然影響深遠，「是傳統中國理念中的一門科學，從傳統的陰陽、五行、九宮、八卦、河圖、洛書等觀念作大自然的研究。……傳統中國的天文學、數學、煉丹術等，要到上世紀中葉始受世界學者肯定。可是，術數還未受到應得的注意。術數在傳統中國科技史、思想史，文化史、社會史，甚至軍事史都有一定的影響。……更進一步了解術數，我們將更能了解中國歷史的全貌。」（何丙郁《術數、天文與醫學中國科技史的新視野》，香港城市大學中國文化中心。）

可是術數至今一直不受正統學界所重視，加上術家藏秘自珍，又揚言天機不可洩漏，「（術數）乃吾國科學與哲學融貫而成一種學說，數千年來傳衍嬗變，或隱或現，全賴一二有心人為之繼續維繫，賴以不絕，其中確有學術上研究之價值，非徒癡人說夢，荒誕不經之謂也。其所以至今不能在科學中成立一種地位者，實有數因。蓋古代士大夫階級目醫卜星相為九流之學，多恥道之；而發明諸大師又故為惝恍迷離之辭，以待後人探索；間有一二賢者有所發明，亦秘莫如深，既恐洩天地之秘，復恐譏為旁門左道，始終不肯公開研究，成立一有系統說明之書籍，貽之後世。故居今日而欲研究此種學術，實一極困難之事。」（民國徐樂吾《子平真詮評註》，方重審序）

現存的術數古籍，除極少數是唐、宋、元的版本外，絕大多數是明、清兩代的版本。其內容也主要是明、清兩代流行的術數，唐宋或以前的術數及其書籍，大部分均已失傳，只能從史料記載、出土文獻、敦煌遺書中稍窺一鱗半爪。

術數版本

坊間術數古籍版本，大多是晚清書坊之翻刻本及民國書賈之重排本，其中豕亥魚魯，或任意增刪，往往文意全非，以至不能卒讀。現今不論是術數愛好者，還是民俗、史學、社會、文化、版本等學術研究者，要想得一常見術數書籍的善本、原版，已經非常困難，更遑論如稿本、鈔本、孤本等珍稀版本。在文獻不足及缺乏善本的情況下，要想對術數的源流、理法、及其影響，作全面深入的研究，幾不可能。

有見及此，本叢刊編校小組經多年努力及多方協助，在海內外搜羅了二十世紀六十年代以前漢文為主的術數類善本、珍本、鈔本、孤本、稿本、批校本等數百種，精選出其中最佳版本，分別輯入兩個系列：

一、心一堂術數古籍珍本叢刊

二、心一堂術數古籍整理叢刊

前者以最新數碼（數位）技術清理、修復珍本原本的版面，更正明顯的錯訛，部分善本更以原色彩色精印，務求更勝原本。并以每百多種珍本、一百二十冊為一輯，分輯出版，以饗讀者。

後者延請、稿約有關專家、學者，以善本、珍本等作底本，參以其他版本，古籍進行審定、校勘、注釋，務求打造一最善版本，方便現代人閱讀、理解、研究等之用。

限於編校小組的水平，版本選擇及考證、文字修正、提要內容等方面，恐有疏漏及舛誤之處，懇請方家不吝指正。

心一堂術數古籍 珍本 整理 叢刊編校小組

二零零九年七月序

二零一四年九月第三次修訂

甲山庚向順局
穴三離六坎九
先天四宮起順行
山龍坐起金順挨
平洋向起金順挨
甲交未庚交丑

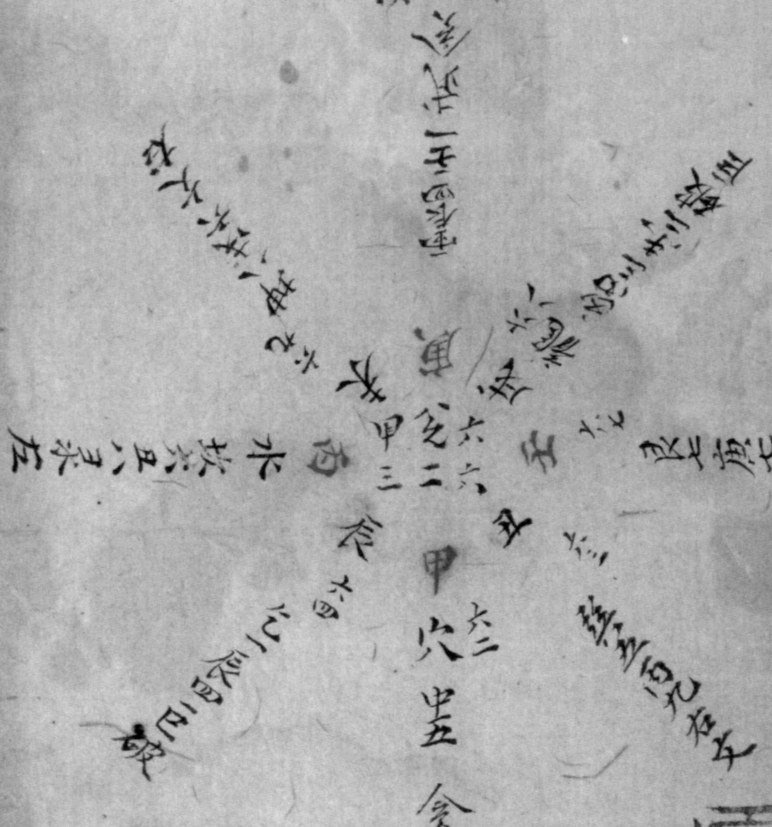

甲山庚向逆局

穴三爲九坎六

先天數二宮起逆行

山龍坐起貪順挨

平洋向起貪順挨

甲交未庚交丑

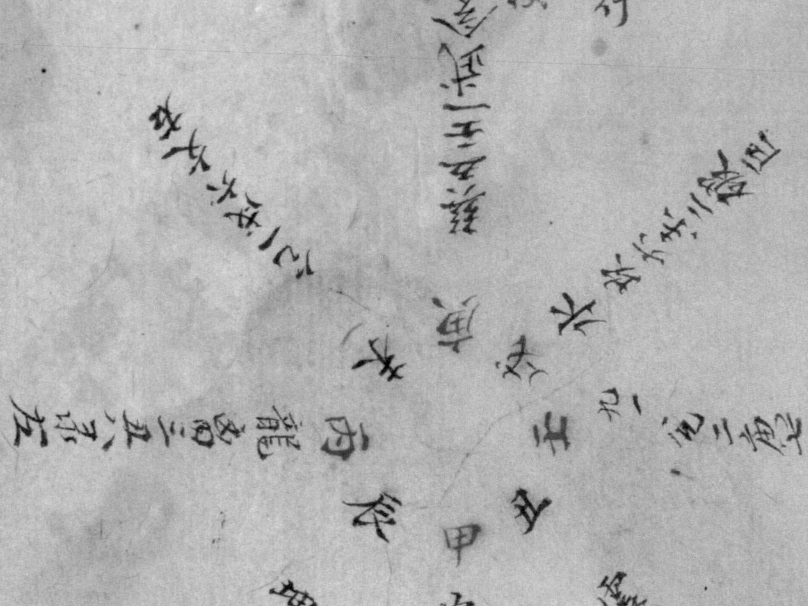

子山午向順局（兼癸仝）

子交巽午交乞

穴一离四坎七

八神入中逆數用洛書

先天數順用河圖從坤

二宮起

离為龍坎為水

山龍坐山起禄星逆行

平洋將禄星加在午逆行

坎离數分順逆局

起九星以坐山分陰陽順逆

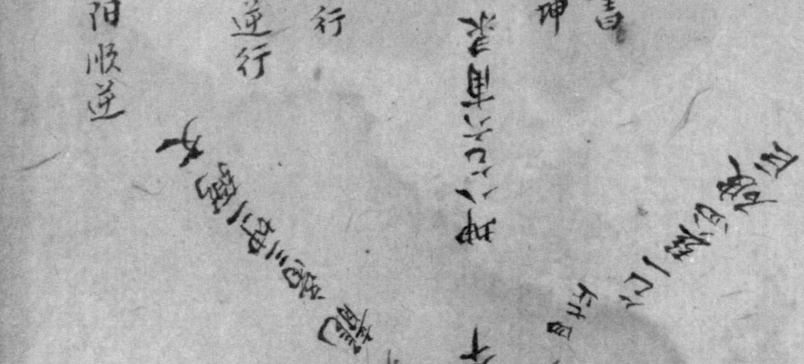

子山午向逆局（兼癸丁）

子交癸午交丁

穴一局七坎四

先天數從午宮逆起

八神入中逆數

平洋的祿星加在午逆行

山龍從坐山起祿星逆行

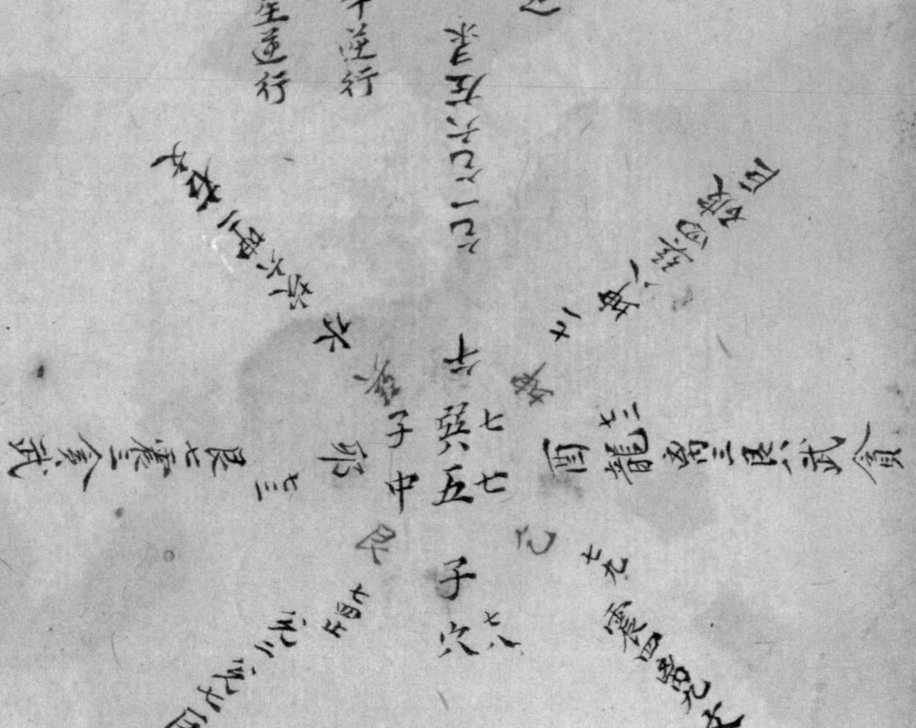

申山寅向順尋
穴二離五坎八
先天數三宮起順行
山龍坐
起貪順挨
平洋向
申交乙寅交辛

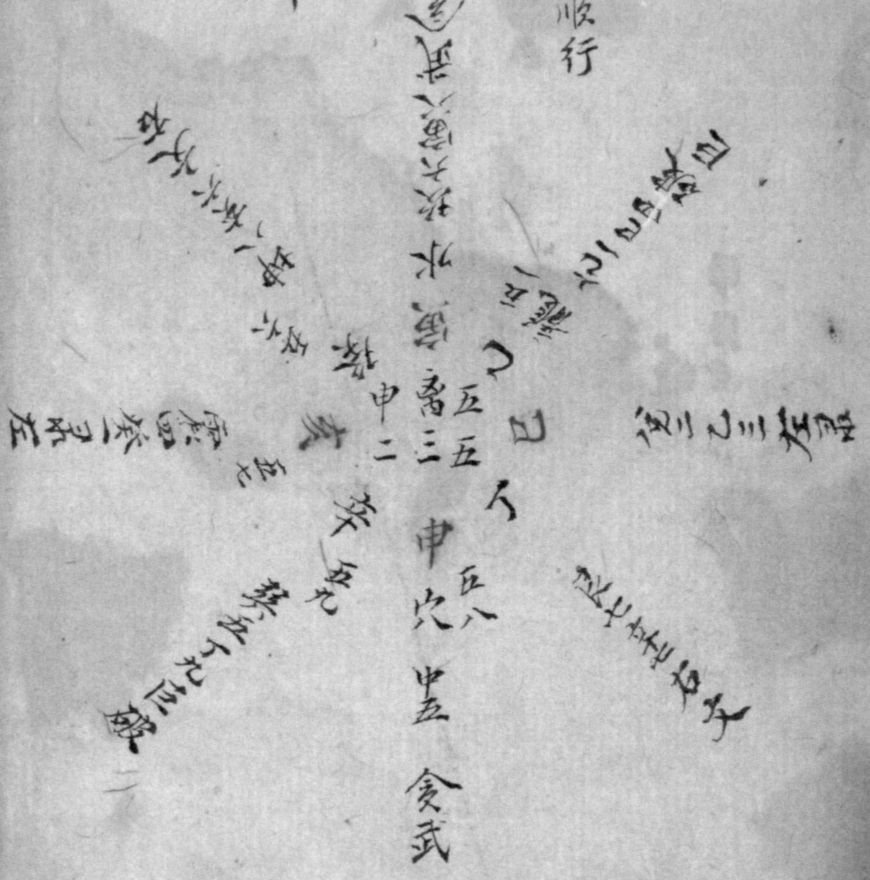

申山寅向逆局

穴二爲八坎五

先天數一宮起逆行

山龍坐

平洋向

起貪順接

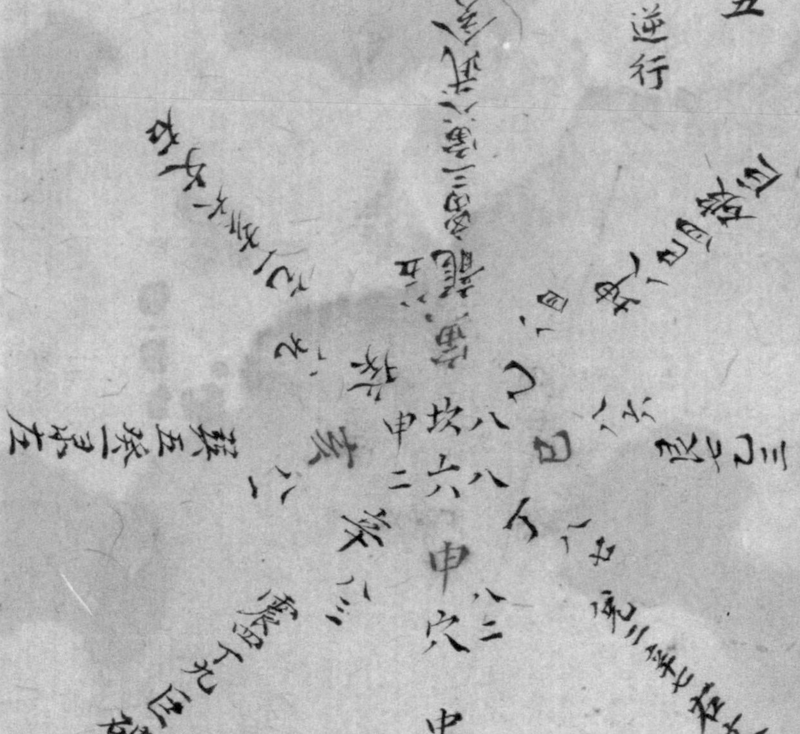

坤山艮向順局
穴二離五坎八
先天數三宮起
順行
山龍坐 起巨順挨
平洋向
坤交卯
艮交兌

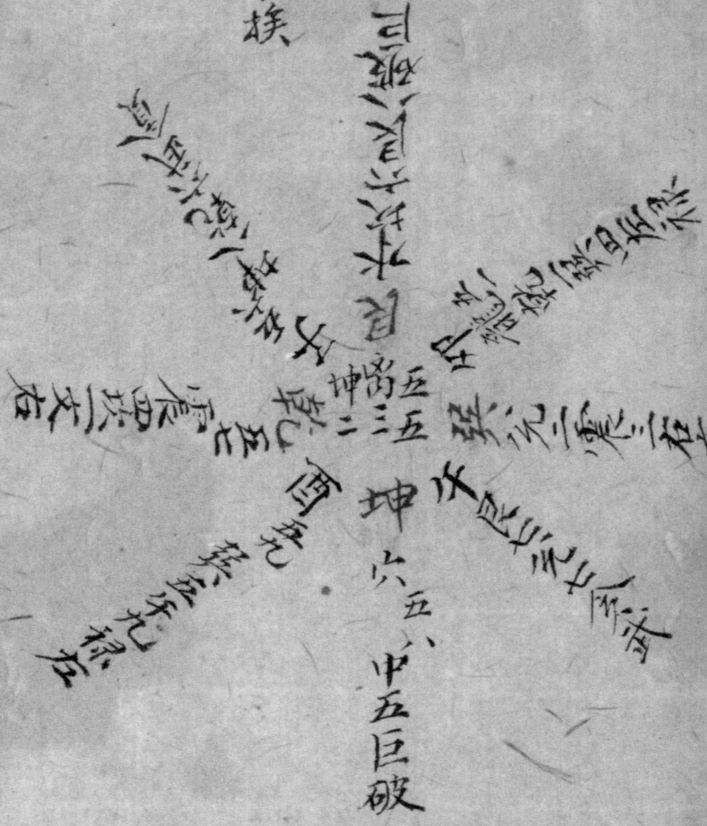

坤山艮向逆旨
穴二離八坎五
先天數一宫起逆行
山龍坐
起巨順扶
平洋向
坤交卯艮交兑

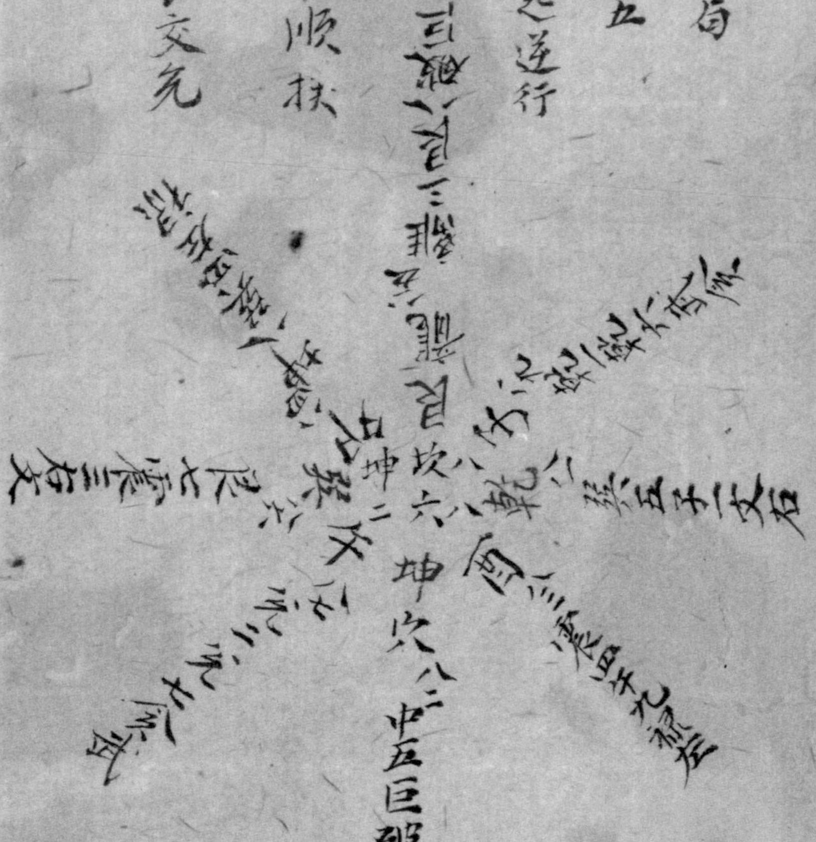

壬山丙向順局 八神入中逆數

壬交辰丙交戌

穴一宮四坎七

坐山起巨順行

平洋將巨加在丙

順行

先天數從二宮起

順行

壬山丙向逆局 八神入中宮數
壬交辰 丙交戌
穴一离七坎四
先天數在九宮起逆行
坐山起巨順行
平洋將巨星加在丙
順行。

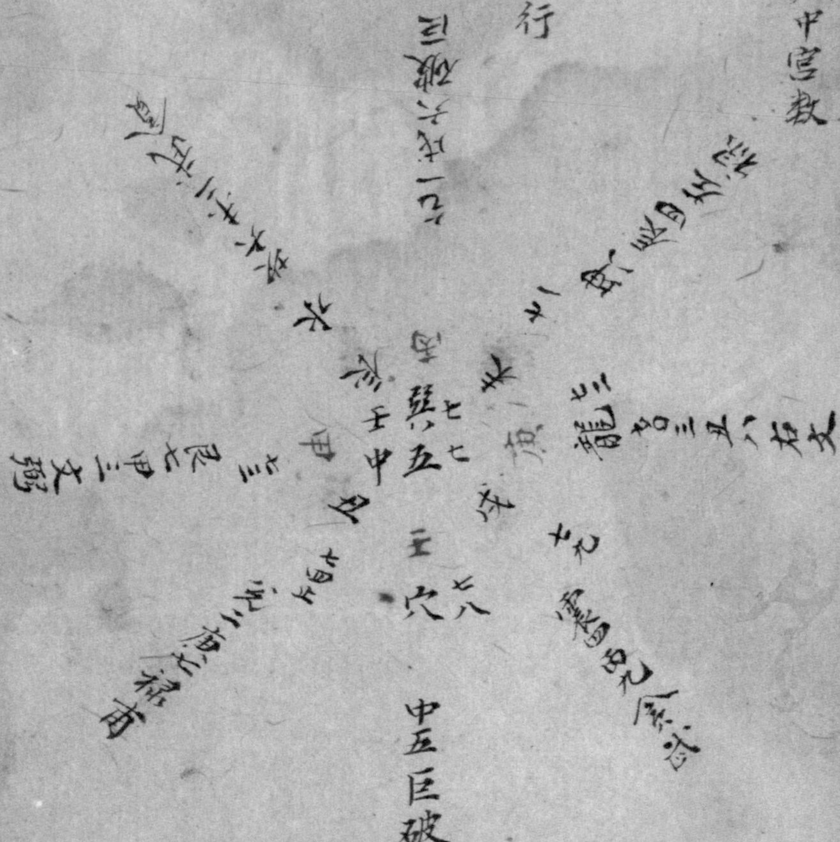

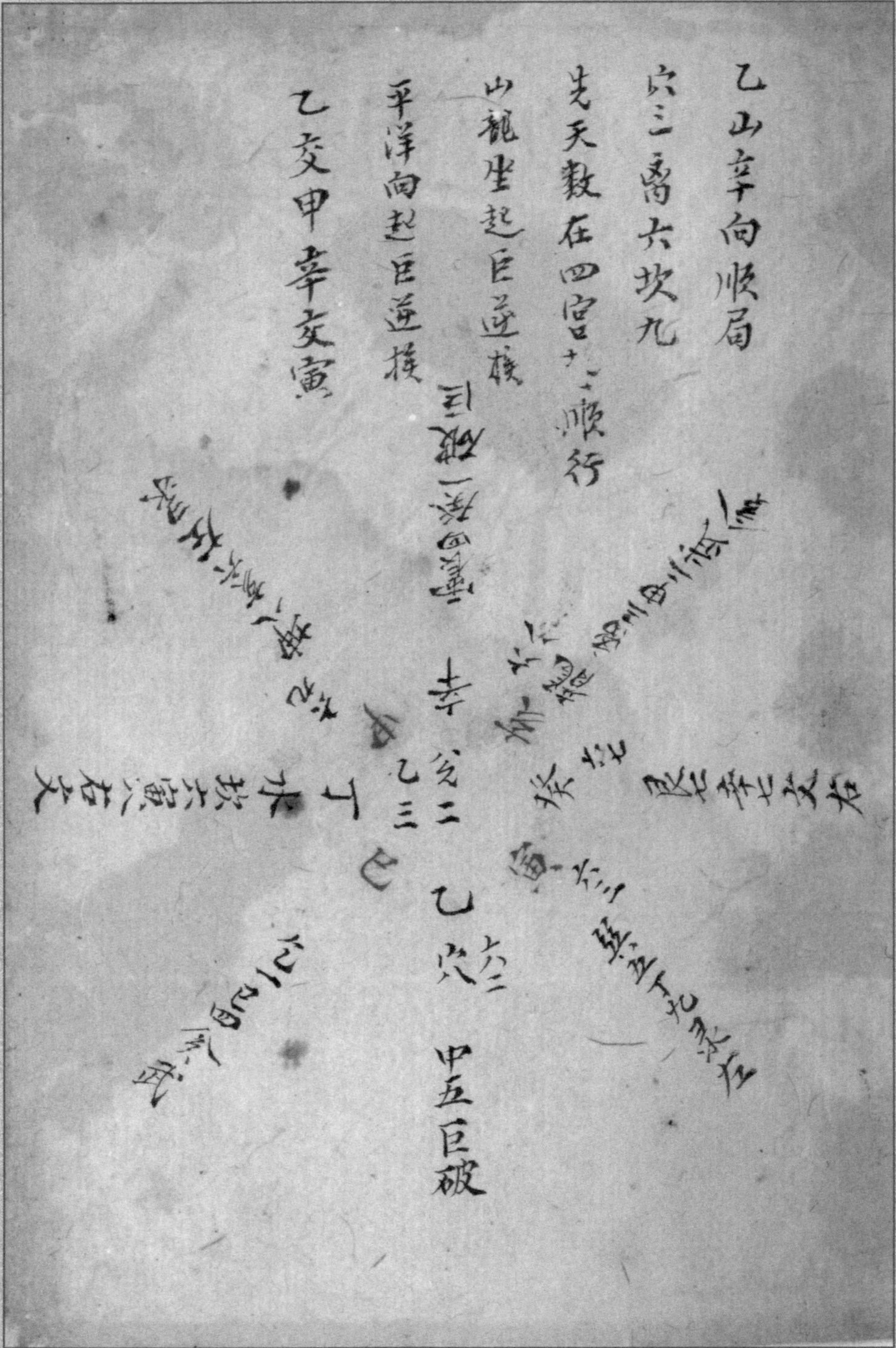
乙山辛向順局
穴三爲六坎九
先天數在四宮七八順行
山龍坐起巨逆挨
平洋向起巨逆接
乙交甲辛交寅
中五巨破
辛
乙
丁
水
山

乙・辛向逆局
穴三 當九 坎六
先天數二宮起逆行
山龍坐起巨逆挨
平洋向起巨逆挨
乙交申 辛交寅

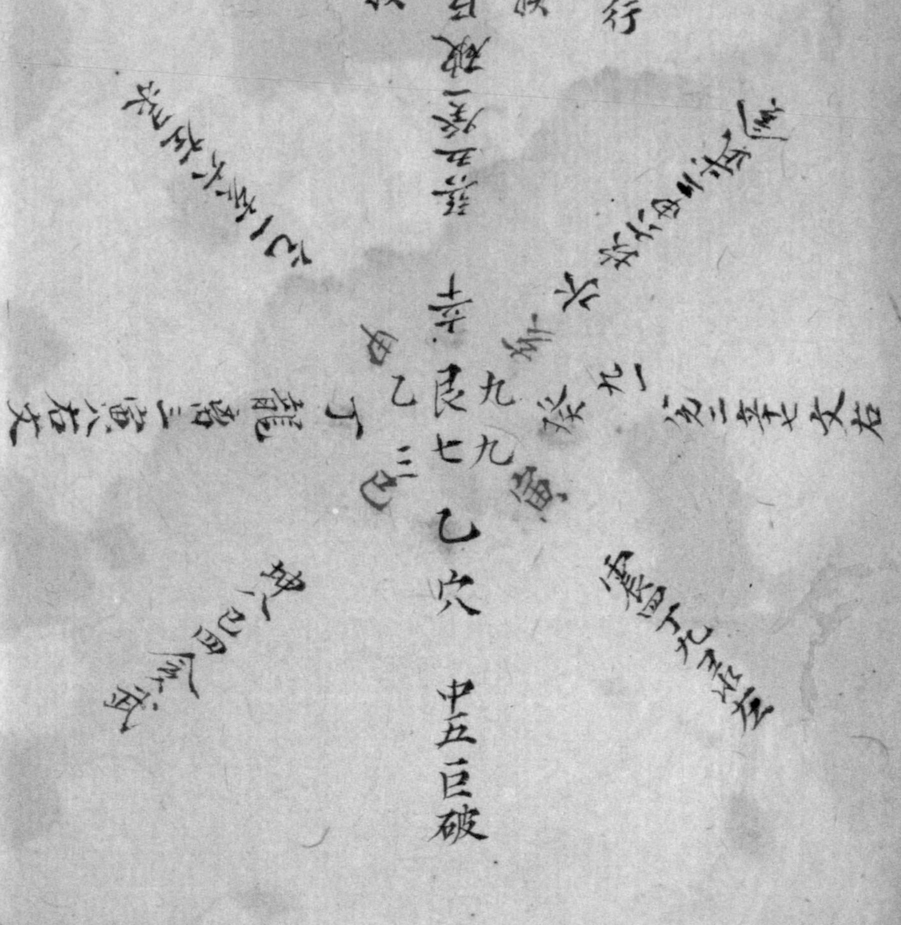

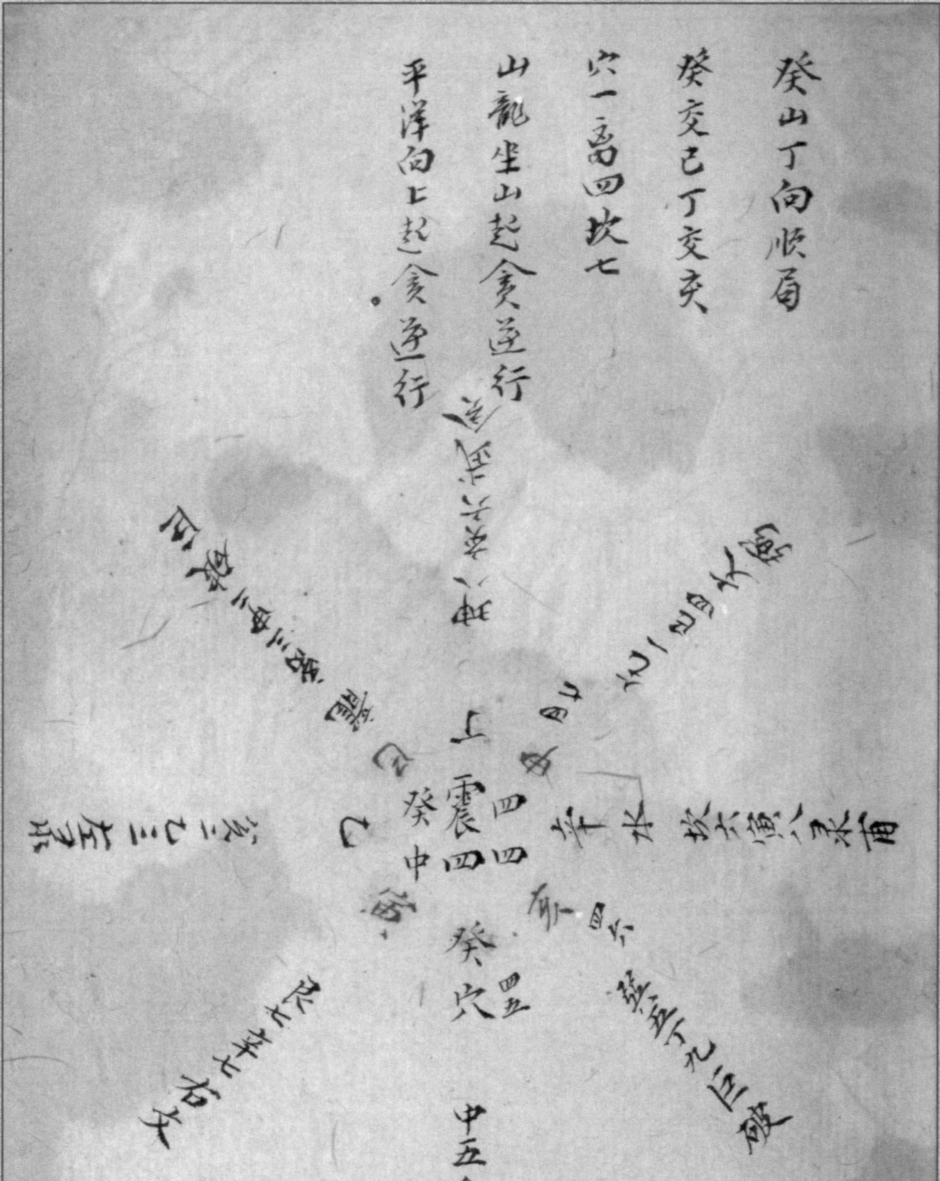
癸山丁向順局
癸交巳丁交夾
穴一离四坎七
山龍坐山起貪逆行
平洋向上起貪逆行
中五貪武

癸山丁向逆局
癸交只丁交亥
穴一离七坎四
山龍坐起貪逆行
平洋向起貪逆行

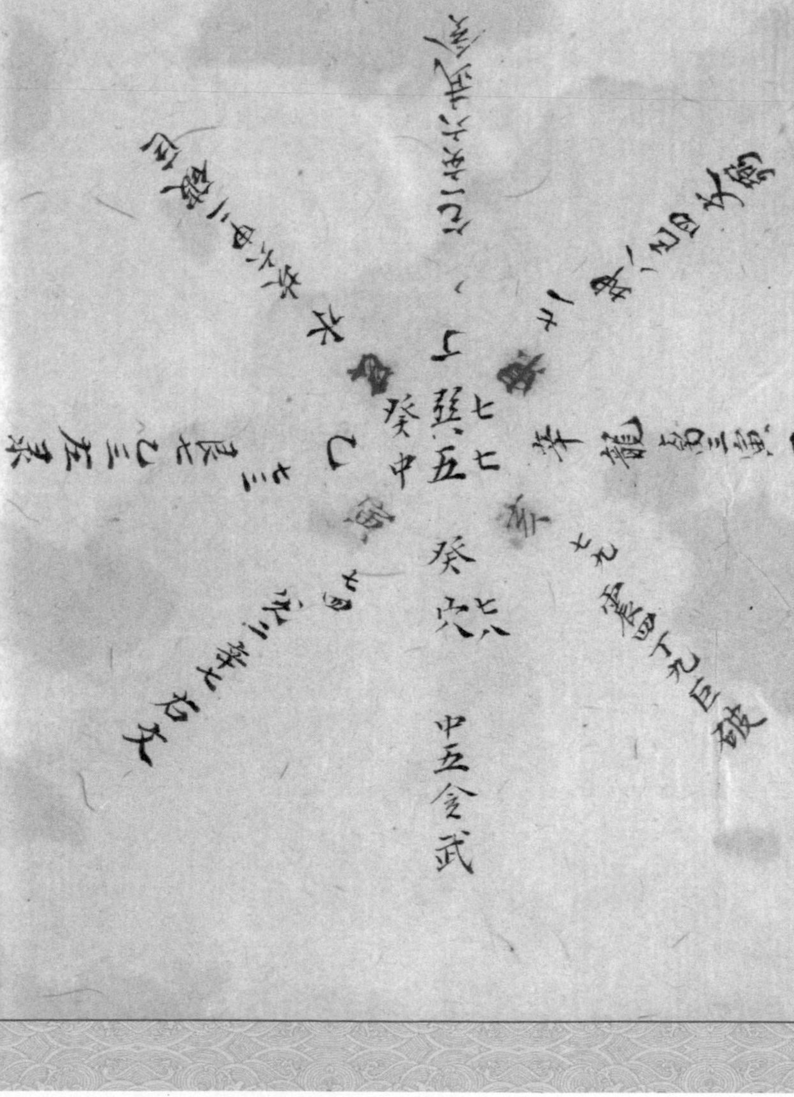

未山丑向順局
穴二離五坎八
先天數三宮起順行
山龍坐起
平洋向起
未交甲丑交庚

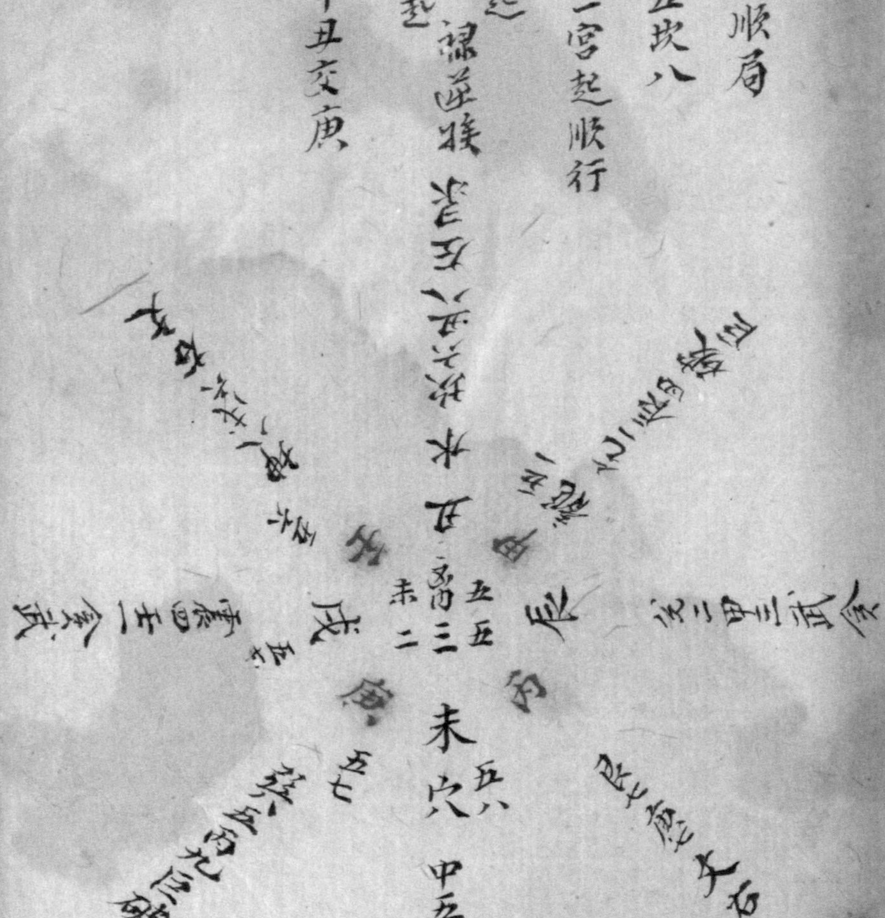

未山丑向逆局
穴一局八坎五
先天數一宮起逆行
山龍坐
平洋向
起祿逆挨
未交甲丑交庚

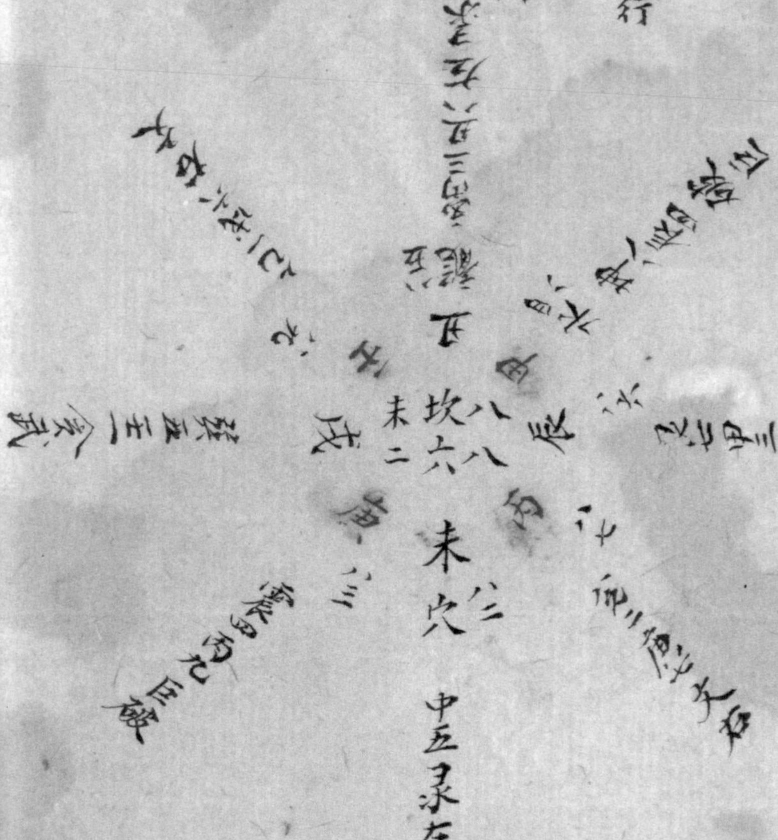

卯山酉向順局
穴三爲六坎九
先天數四宮起順行
山龍坐起祿逆挨
平洋向起祿逆挨
卯交坤酉交艮

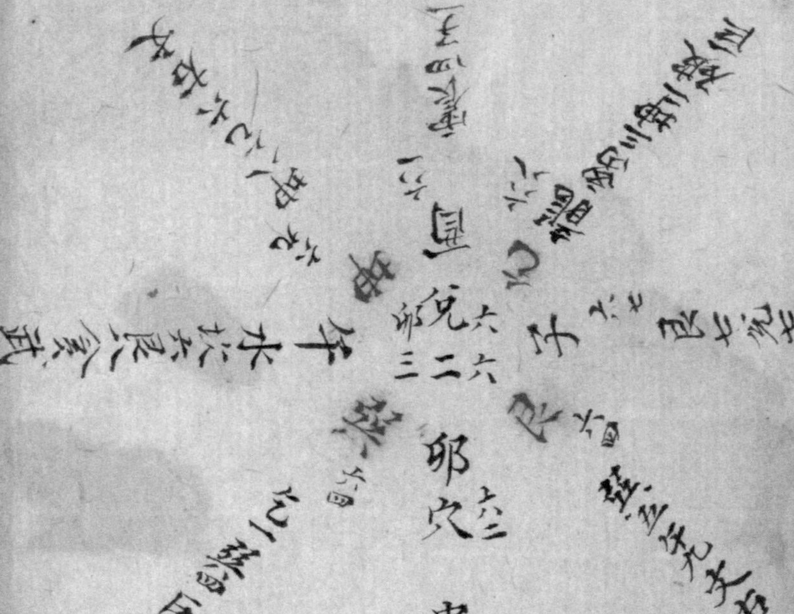

卯山酉向逆局

六二　离九坎六

先天數二宮起逆行

山龍坐起禄逆挨

平洋向起禄

逆挨

卯交坤酉交艮

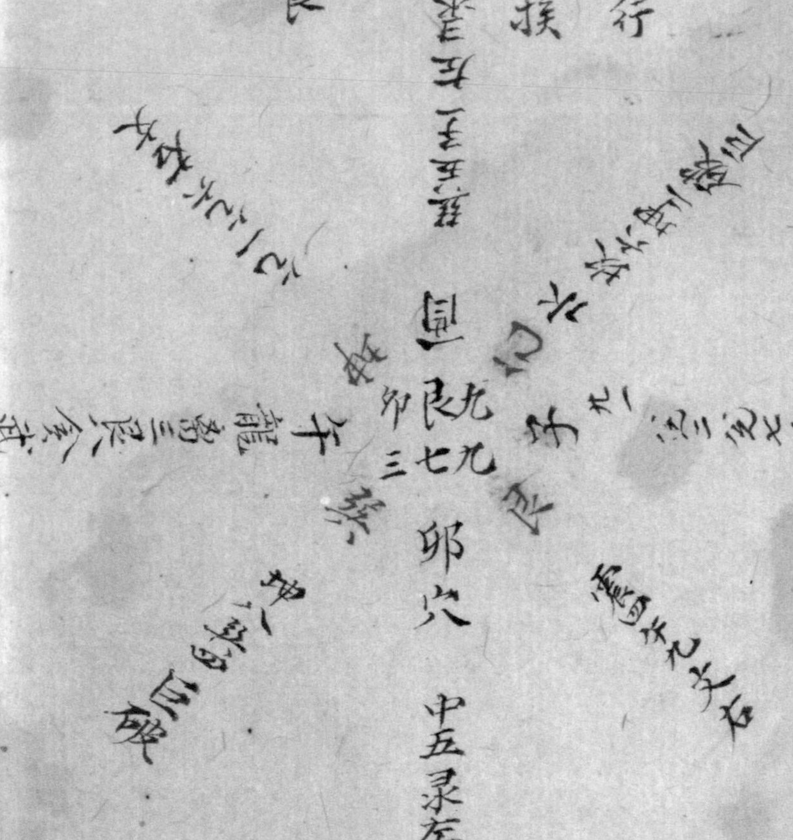

辰山戌向順局

穴四爲七坎一

先天數五宮起順

山龍坐

起武逆挨

平洋向

辰交壬戌交丙

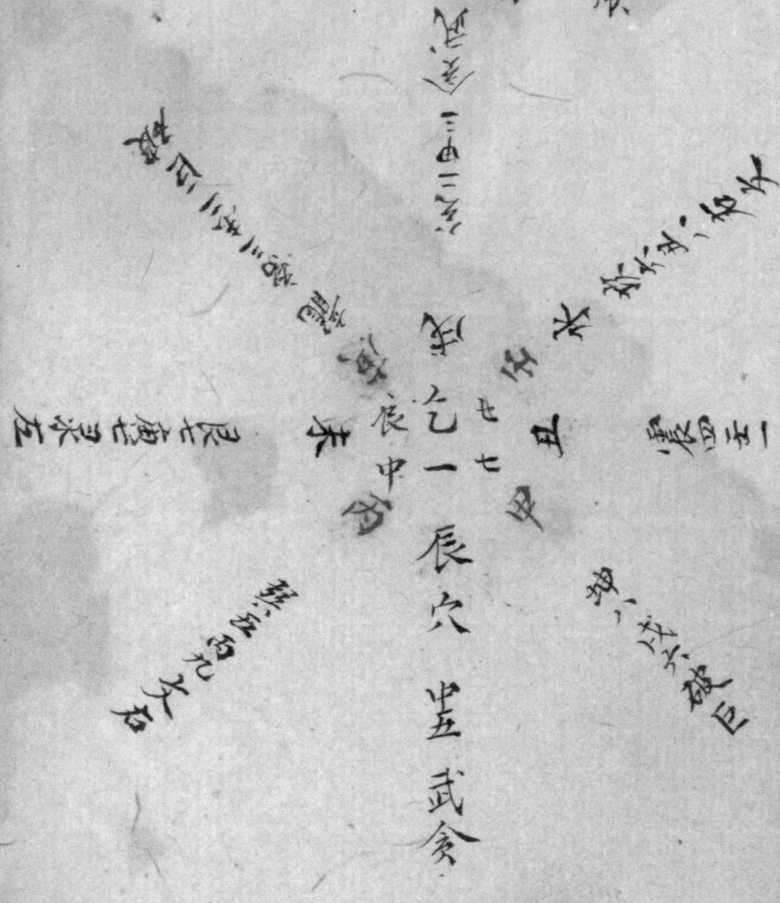

辰山戌向逆局
六四留一坎七
先天數三宮起逆行
山龍坐　起逆挨
平洋向
辰交壬戌交酉

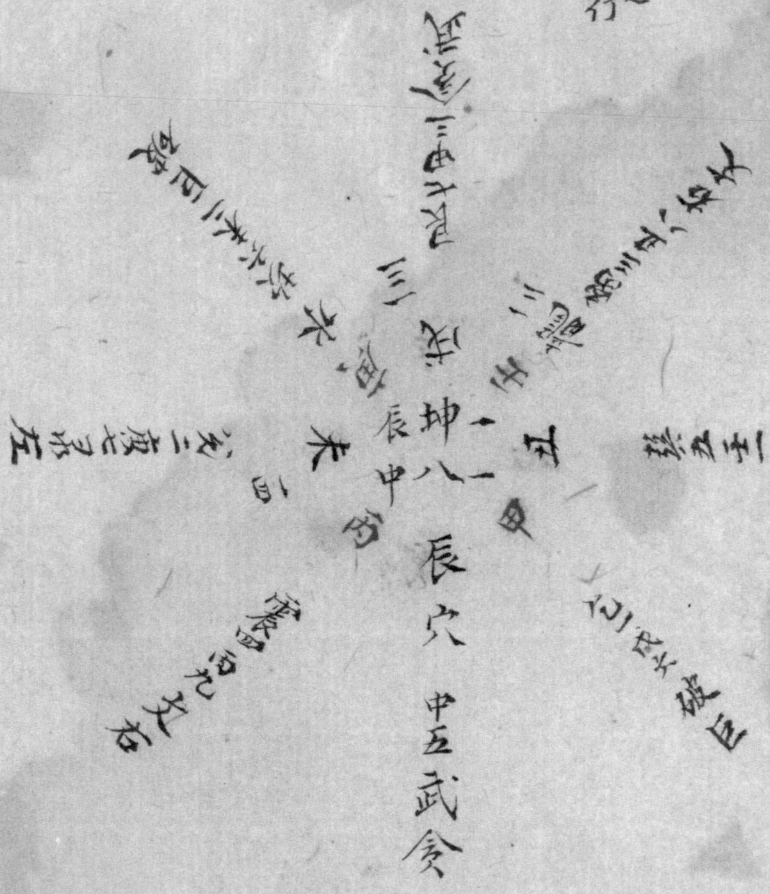

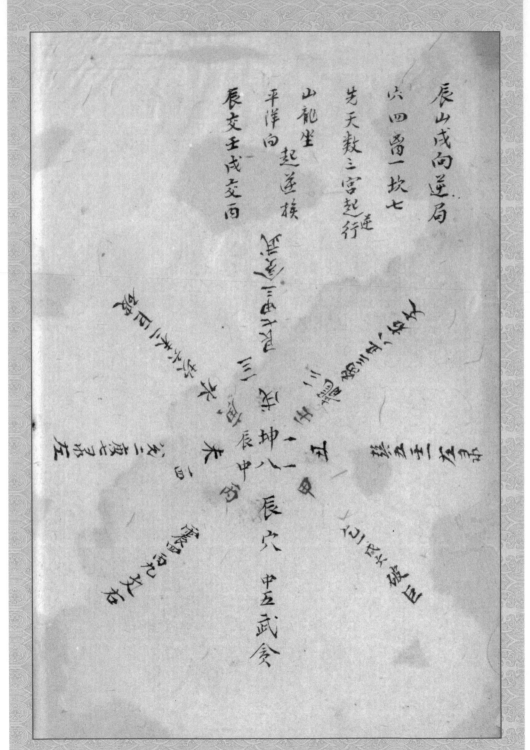

巽山乾向兼巳亥全順局

穴四离七坎一

先天數五宮起順行

山龍坐

起、武順

平洋向

巽交子乾交午

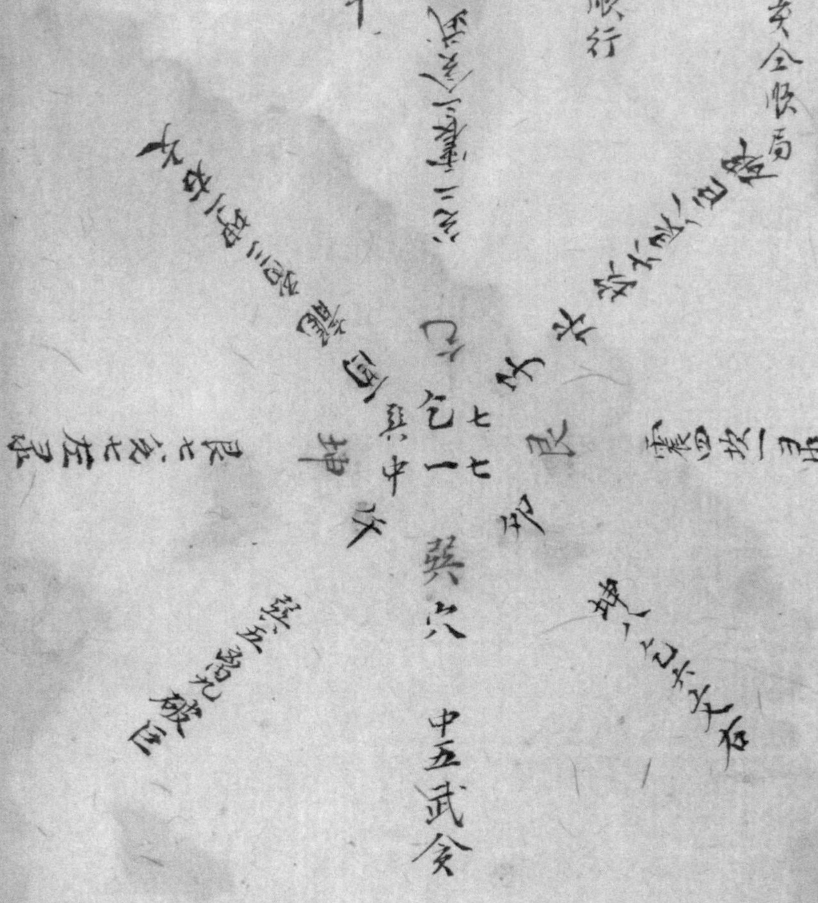

巽山乙向逆局兼巳亥分
穴四爲一坎七
先天數三宮逆起
山龍坐 起武順
平洋向
巽交子乙交午

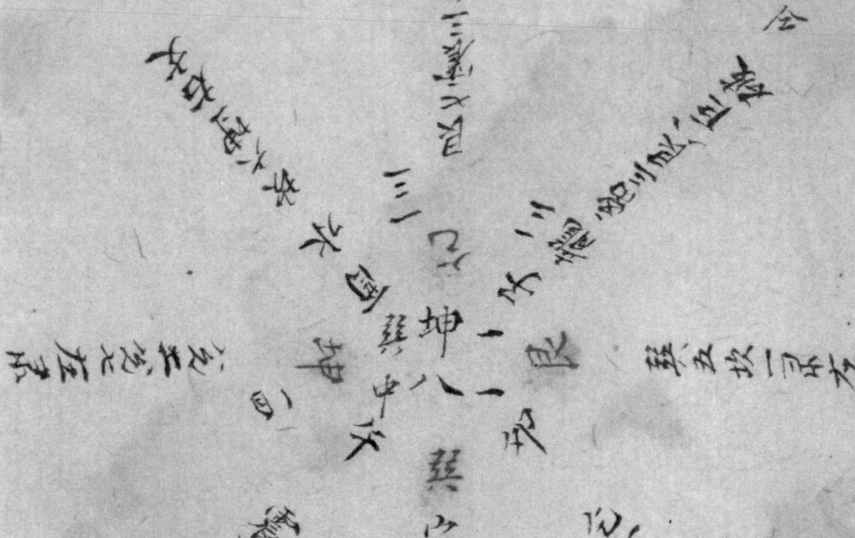

亥山巳向順局
坎六离九坎三
先天數七宮起順行
山龍坐起武
平洋向起武　順推
亥交丁巳交癸

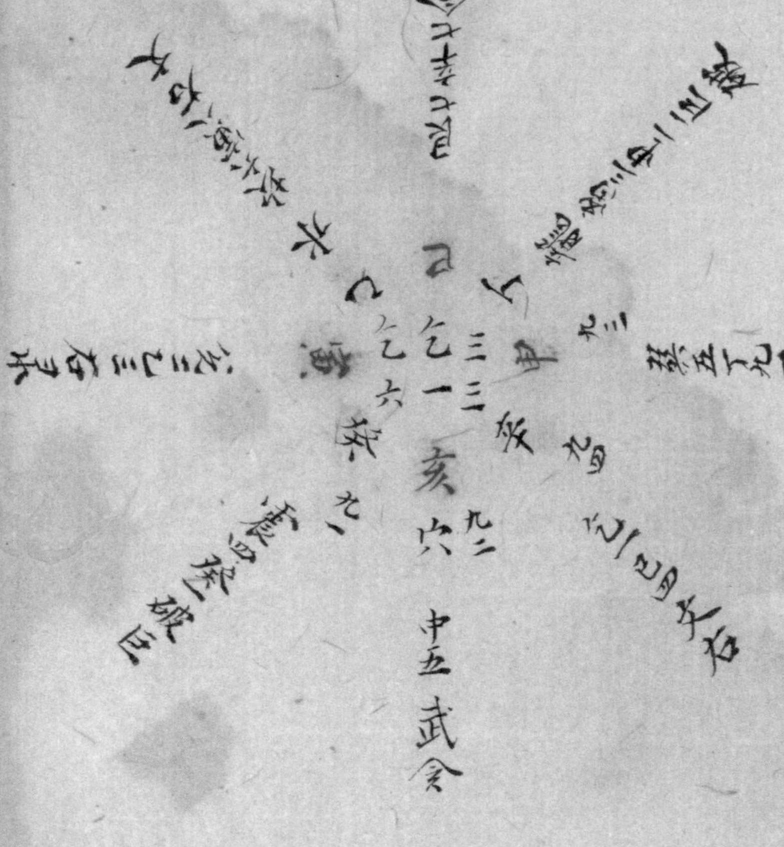

亥山巳向逆局
穴六遇三坎九
先天數五宮起逆行
山龍坐
平洋向
亥交丁巳交癸

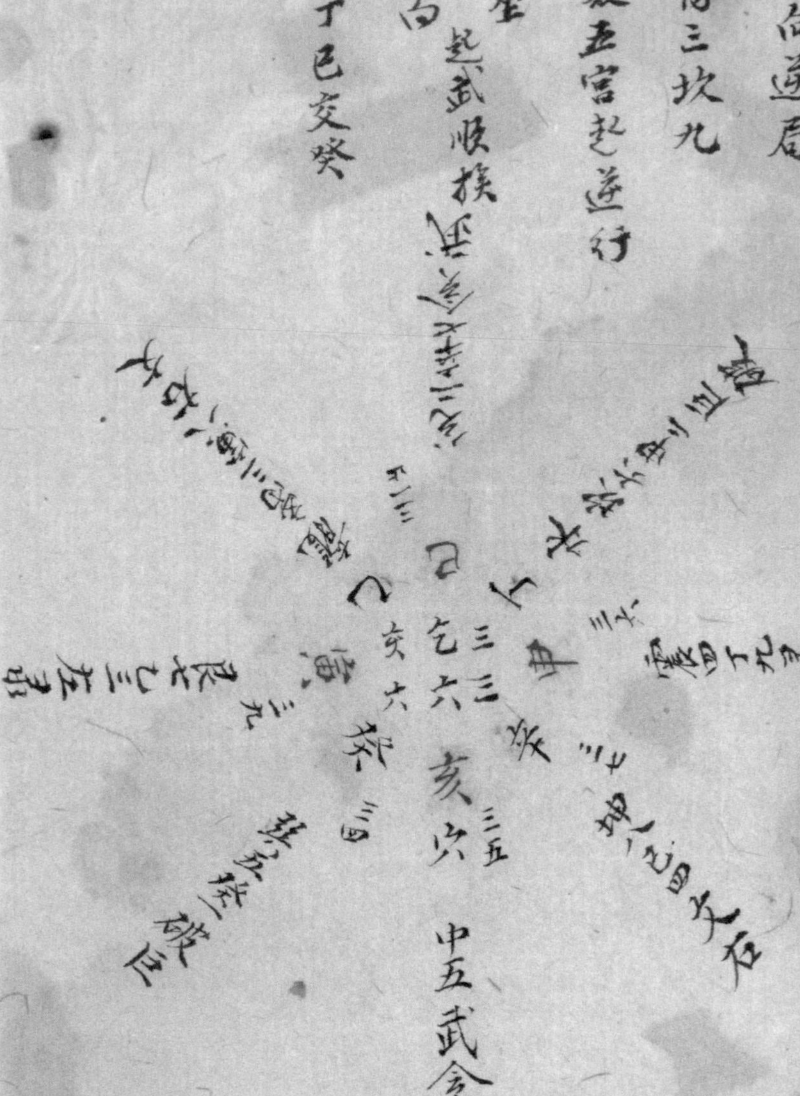

乞山巽向順局
穴六會九坎三
先天數七宮起順行
山龍坐起文曲
平洋向起文曲
乞交午巽交子

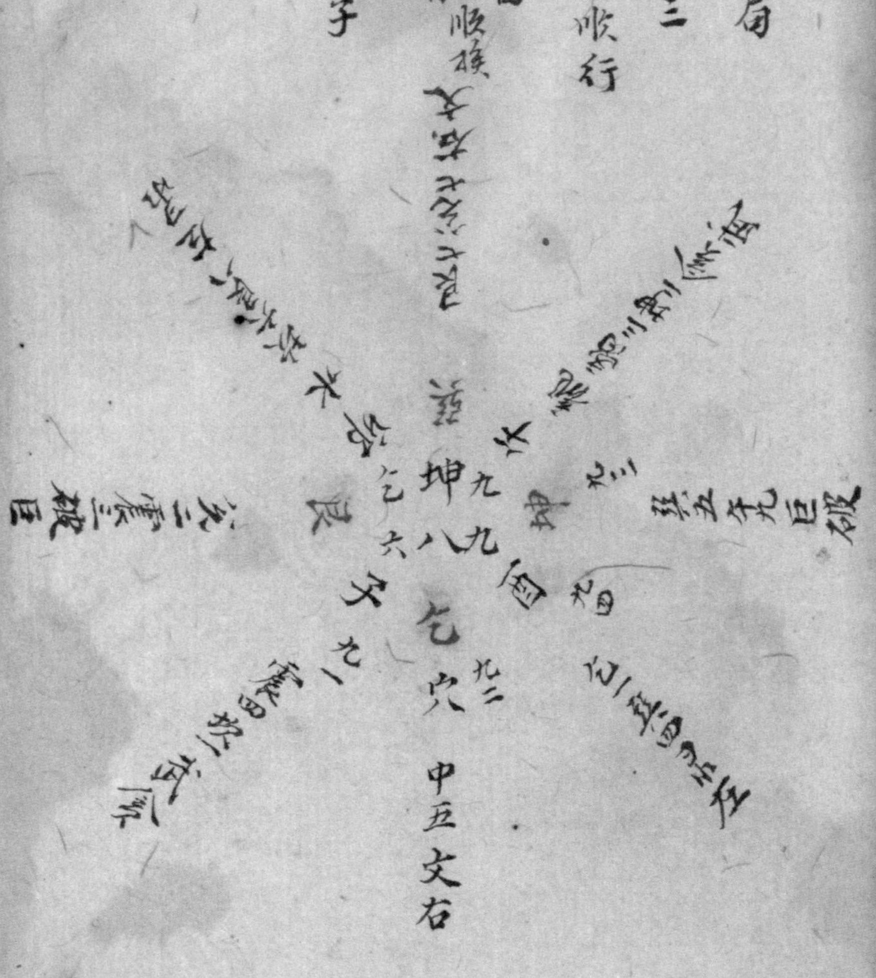

乞山巽向逆看
穴六留三坎九
生天數五宮逆行
山龍坐起　順揆
平洋向起
乞交午巽交子

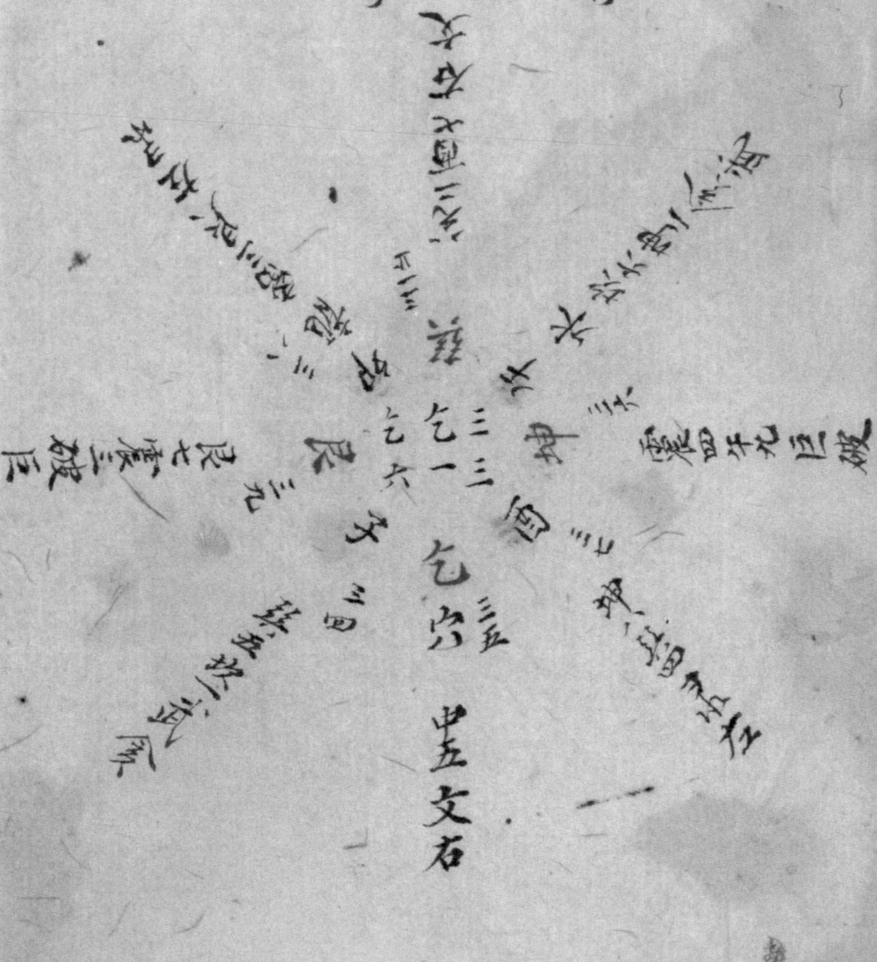

戌山辰向順局
穴六留九坎三
先天數七宮起順行
山龍坐起逆
平洋向起逆 挨
戌交丙辰交壬

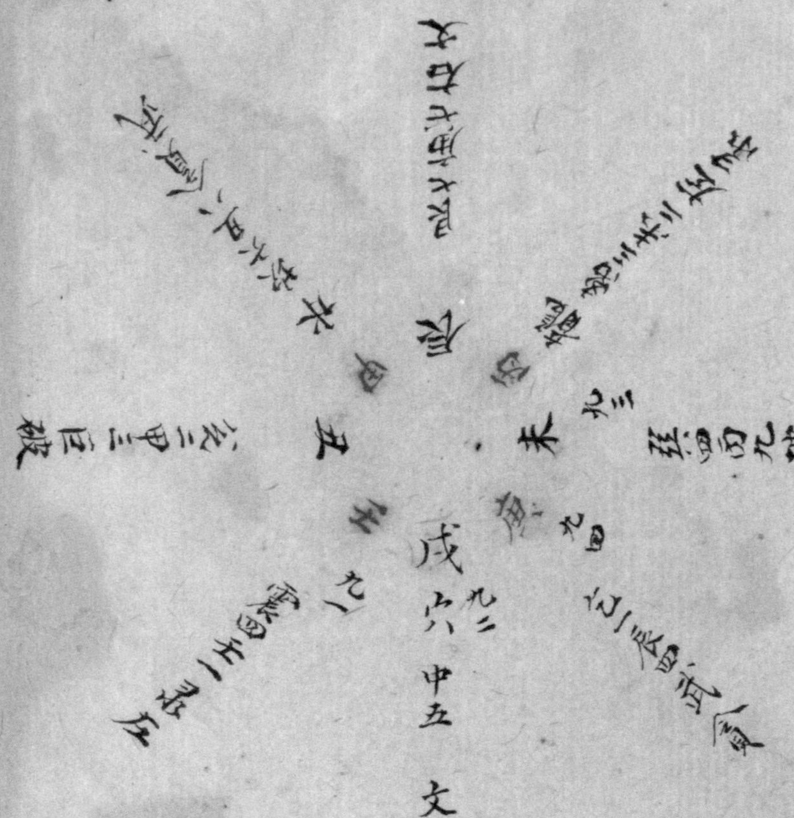

戊山辰向逆看
穴六離三坎九
先天數五宮起逆行
山龍坐起文逆
平洋向起文逆　推
戊交丙辰交壬

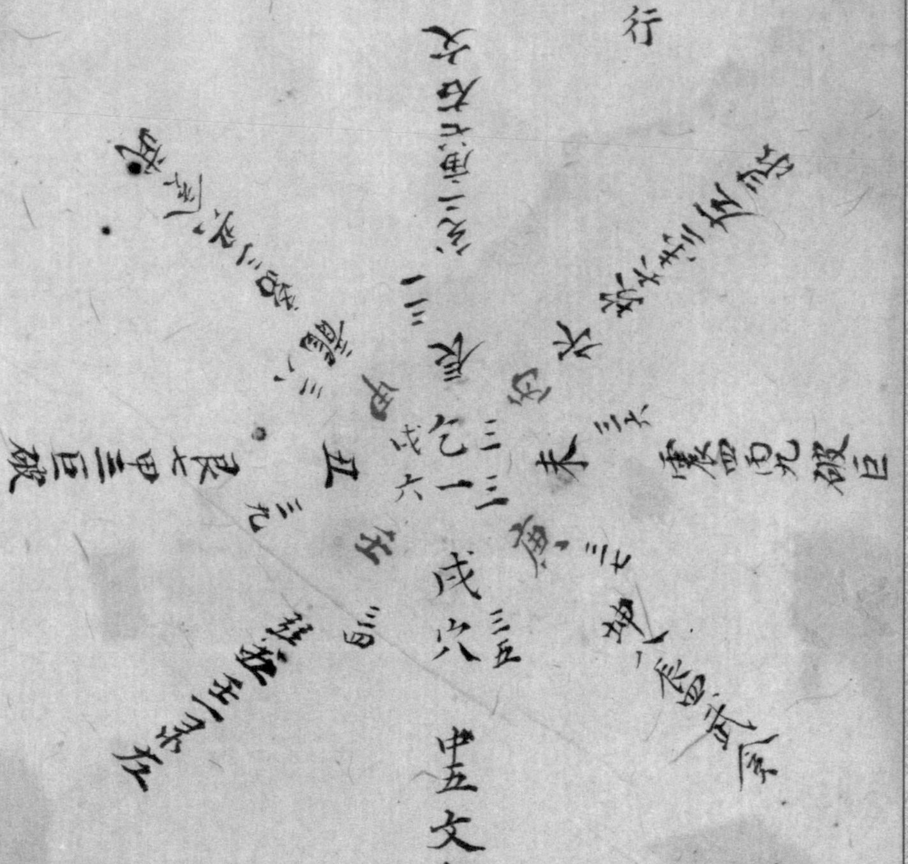

巳山亥向順局
穴四离七坎一
先天數五宮起順行
山龍坐
平洋向 起文順挨
巳交癸亥交丁

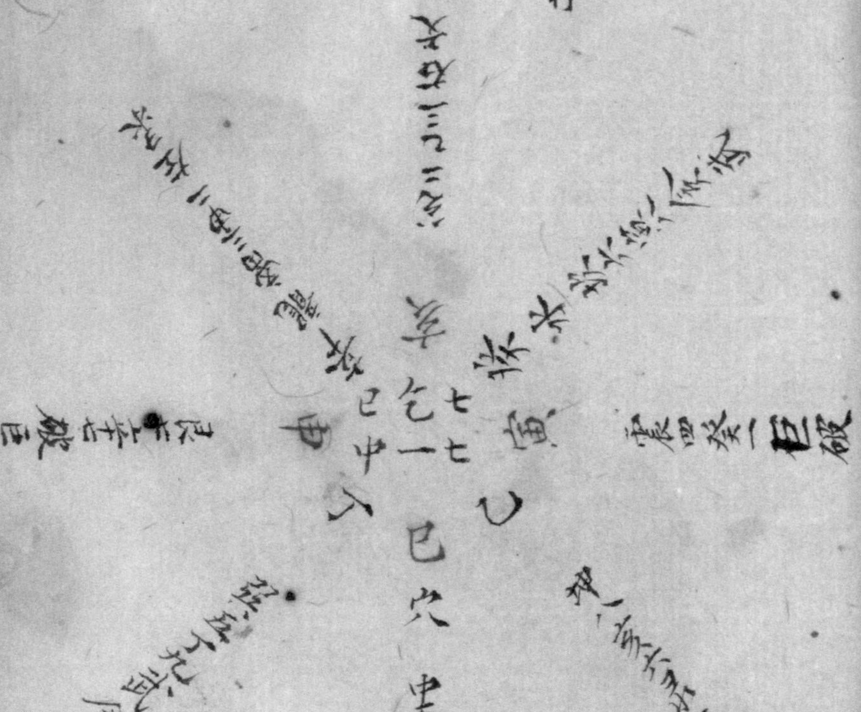

巳山亥向逆局
穴四留一坎七
先天數三宮起逆行
山龍坐
平洋向
巳交癸 亥交丁

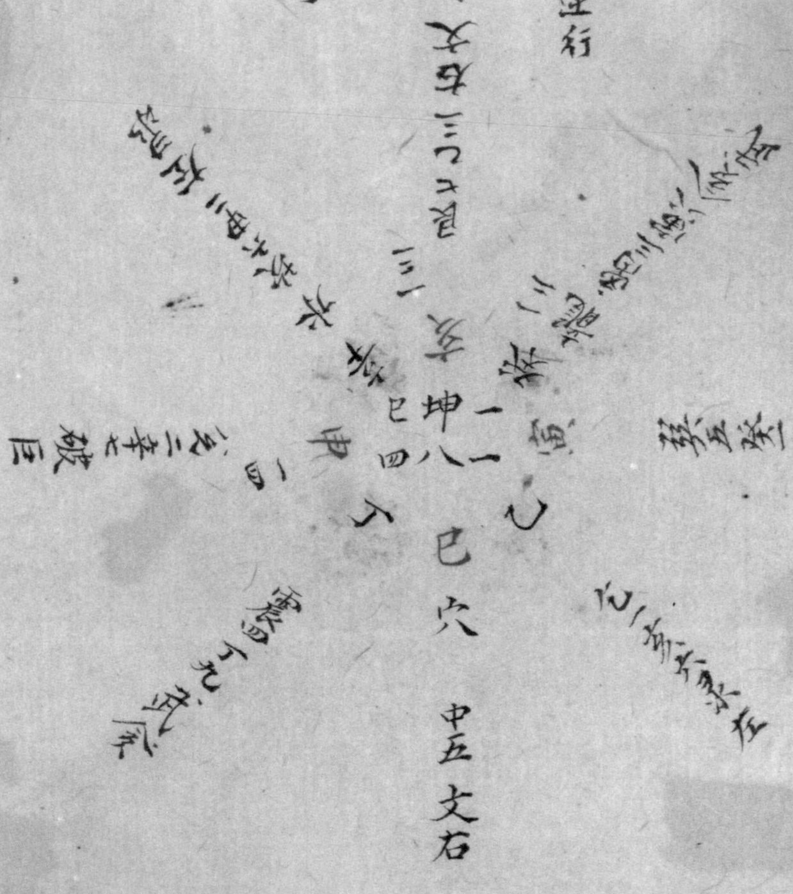

丁山癸向逆局

穴九當六坎三

先天數八宮起逆行

山龍從坐起左甫

逆挨

平洋向上起左首

逆挨

丁交亥癸交巳

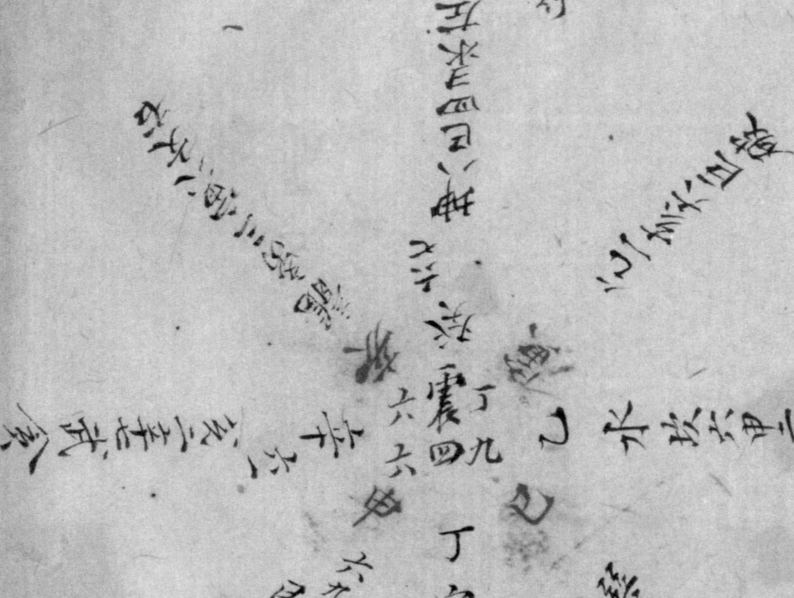

丁山癸向順局
穴九胔三坎六
先天數一宮起順行
山龍坐起左甫逆挨
平洋向起左甫逆挨
丁交亥癸交巳

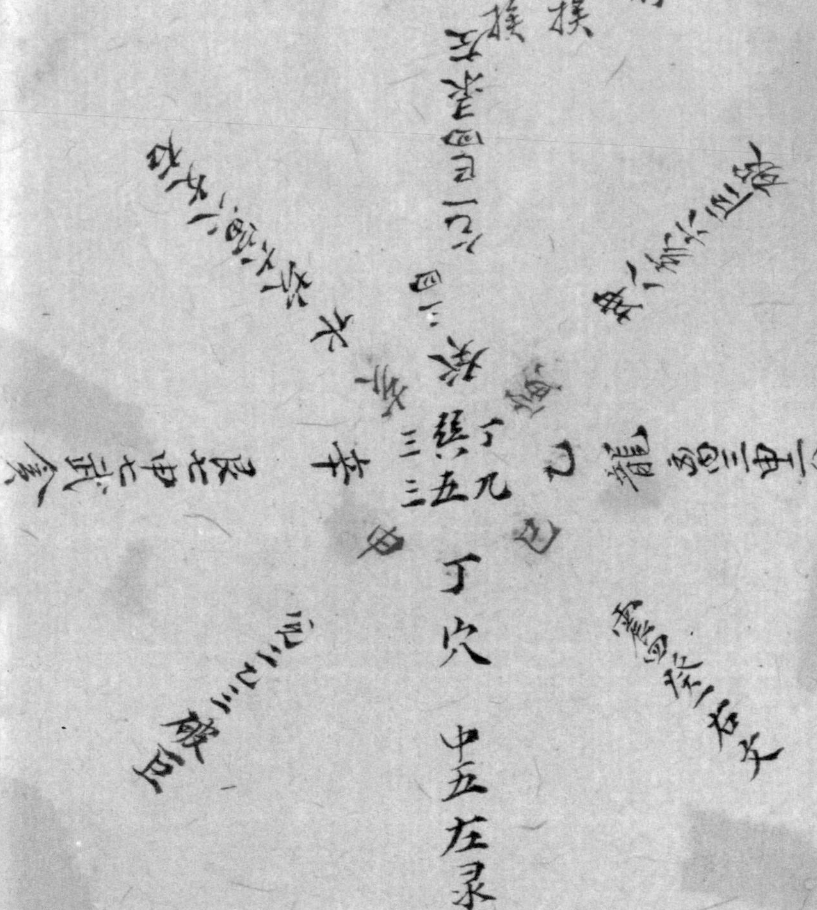

酉山卯向順局
穴七离一坎四
出天數八宮起順行
山龍坐起踢逆挨
平洋向起踢逆挨
酉交艮卯交坤

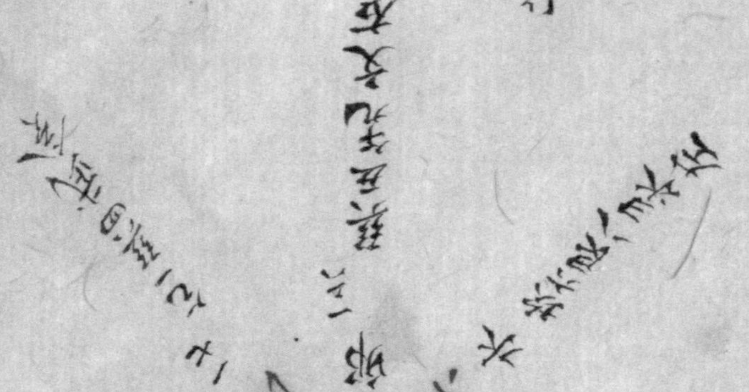

酉山卯向逆局
穴七宮四坎一
先天數六宮起逆
山龍坐起弼逆
平洋向起弼逆
酉交艮卯交坤

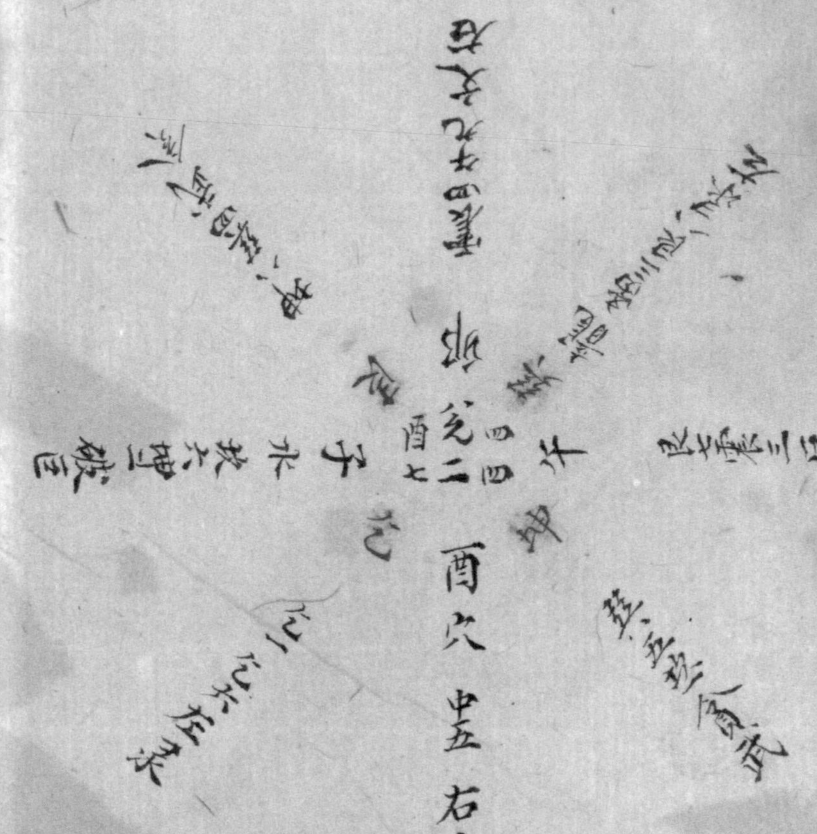

丑山未向順局
穴八离二坎五
先天數九宮起順行
山龍坐
平洋白 起右逆挨
丑交庚未交甲

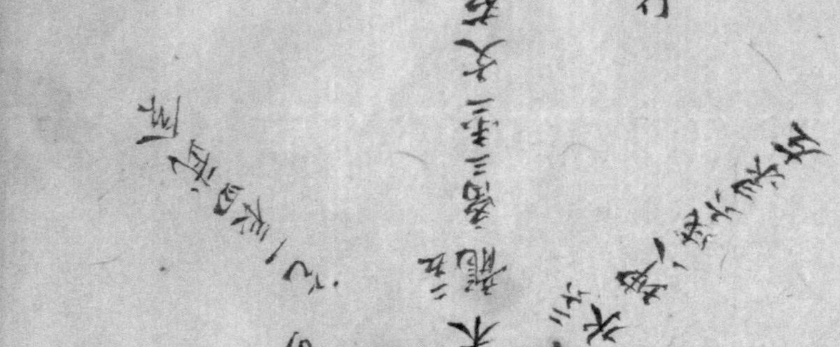

丑山未向逆局
穴八離五坎二
先天數七宮起逆行
山龍生
平洋向 起右逆挨
丑交庚未交甲

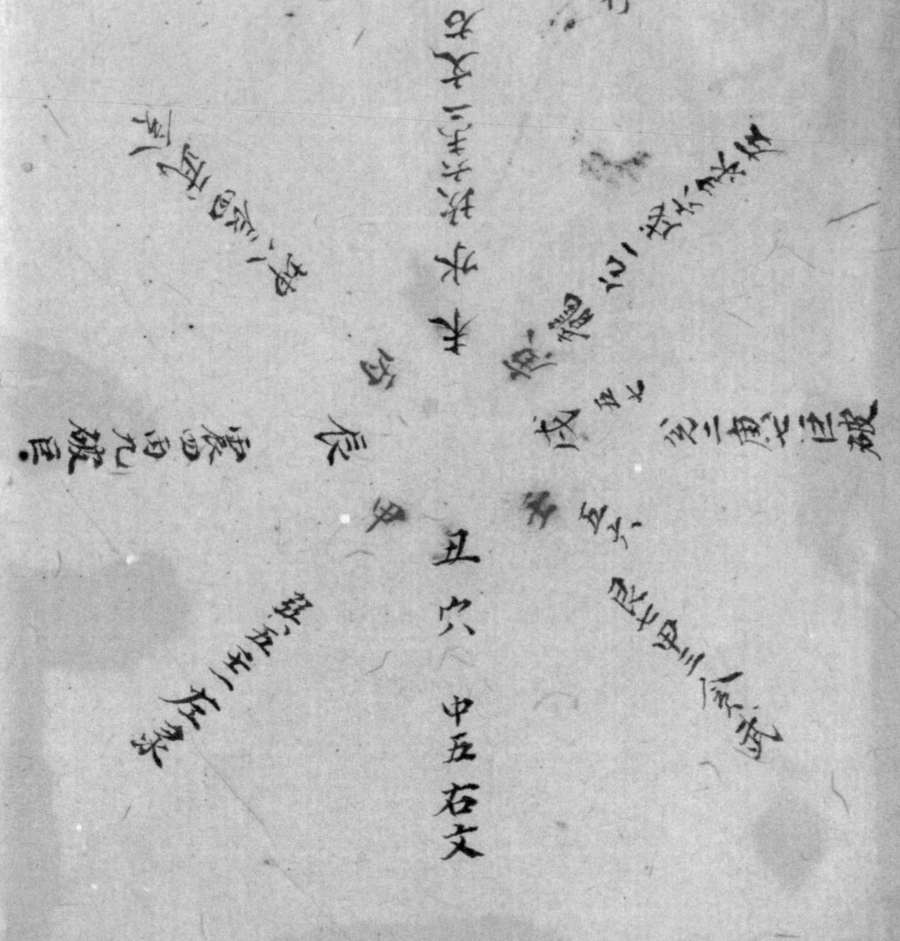

艮山坤向收局
穴八离二坎五
先天数九宫起收行
山龍坐
平洋向
起破收挨
艮交乞坤交卯

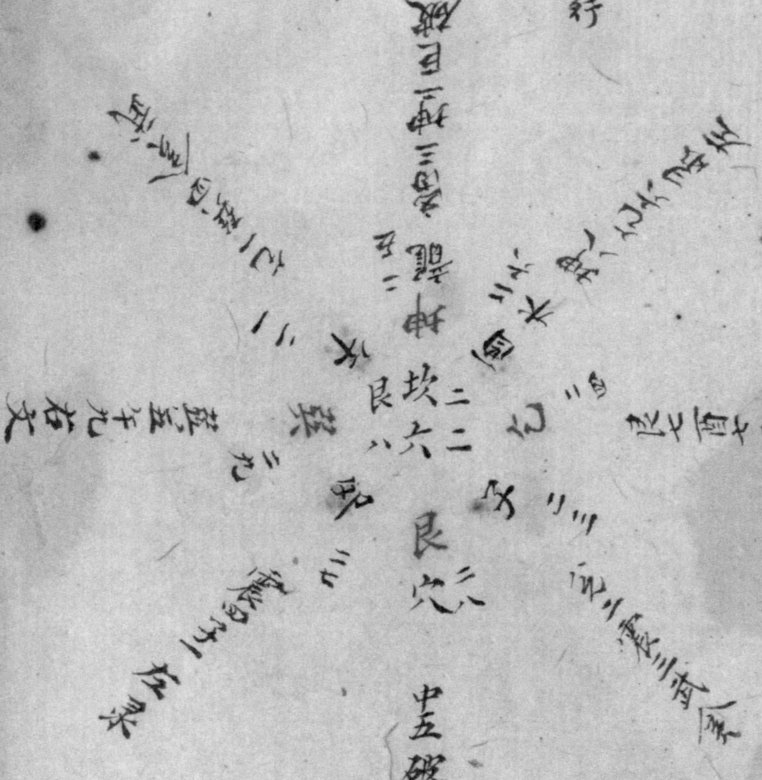

艮山坤向逆局
穴八宮五坎二
先天數七宮起逆行
山龍坐　起破順挨
平洋向
艮交兌坤交卯

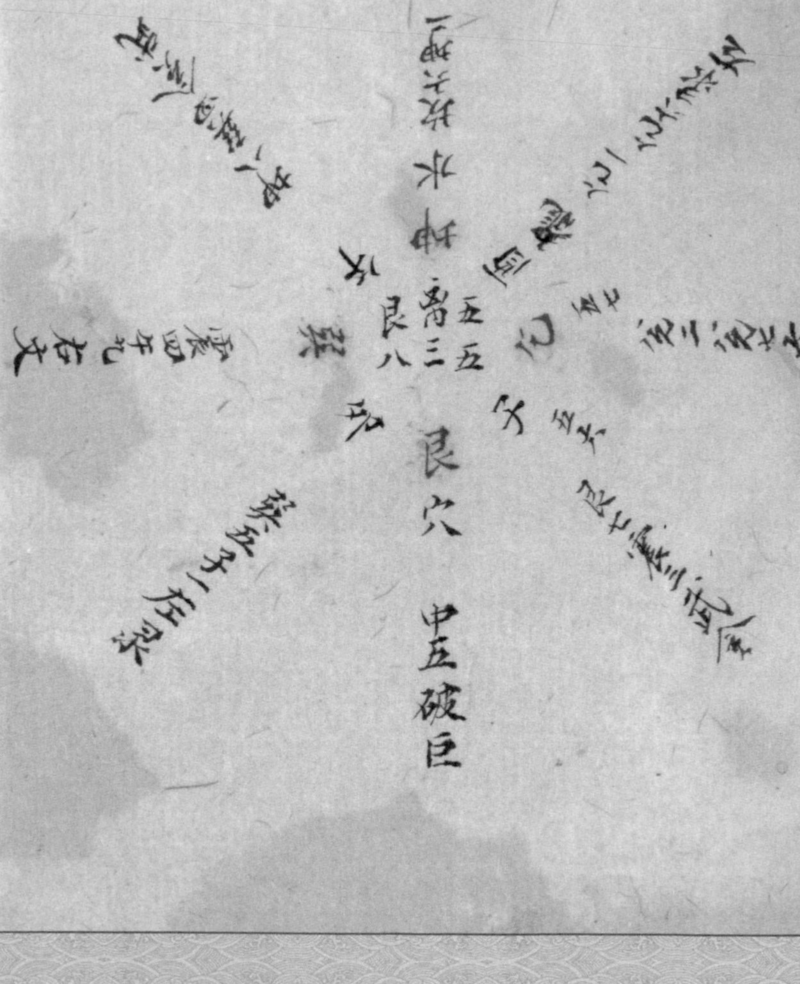

丙山壬向順局
穴九离三坎六
先天數在一宮起順行
山龍坐上起破順挨
平洋向起破順挨
丙交戊壬交辰

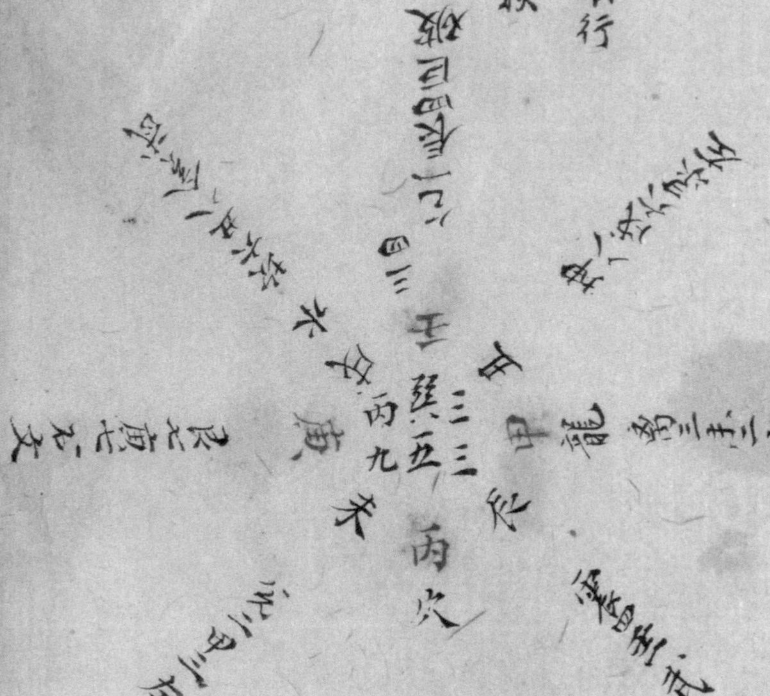

丙山壬向逆局
六九離六坎三
先天數在八宮起逆行
山龍坐起破順挨
平洋向起破順挨
丙交戌壬交辰

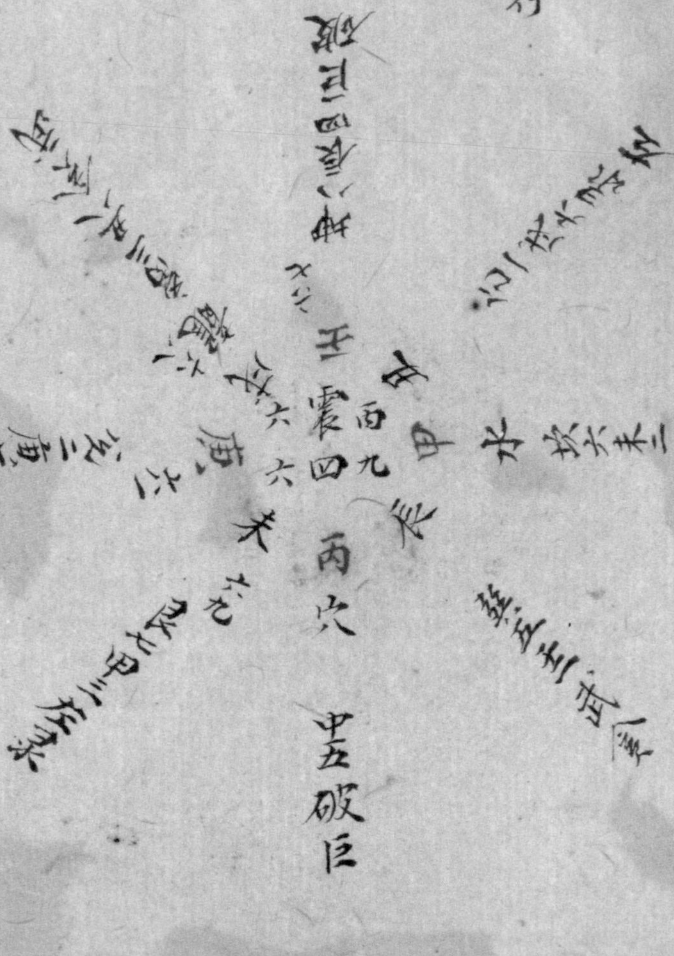

辛山乙向順局
穴七离一坎四
先天數八宮起順行
山龍坐起破逆
平洋向起破逆 挨
辛交寅乙交申

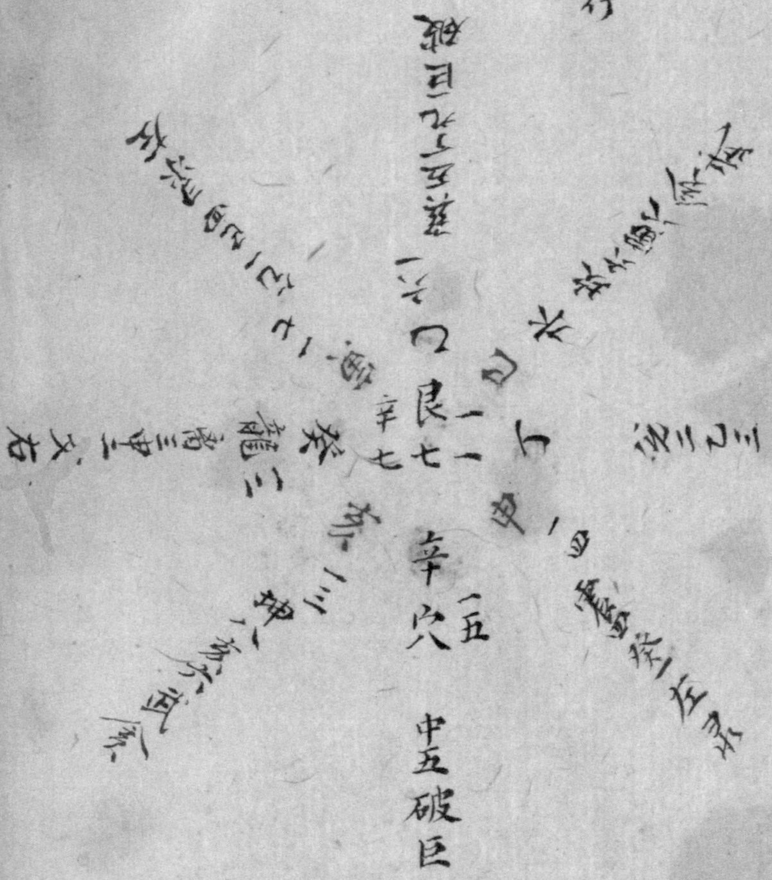

辛山乙向逆局
穴七離四坎一
先天數六宮起逆行
山節坐起破逆
平洋向起破逆　挨
辛交寅乙交申

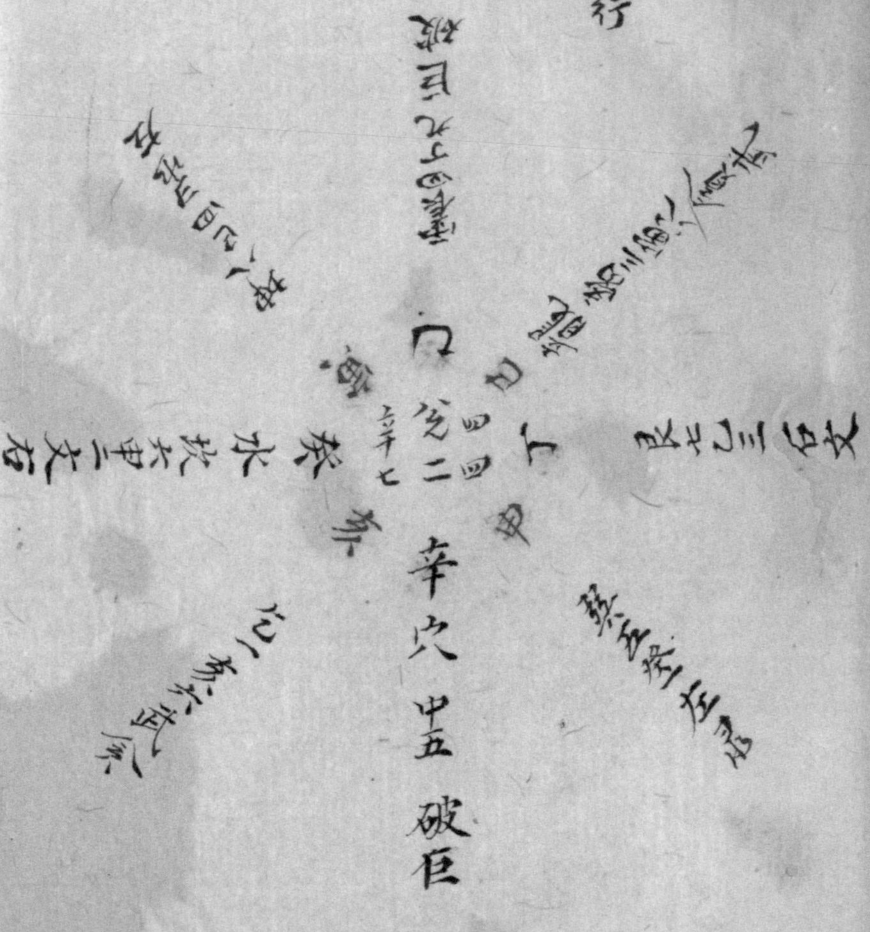

庚山甲向順局
穴七离一坎四
先天數八宮起順行
山龍坐起甫順挨
平洋向起甫順挨
庚交丑甲交未

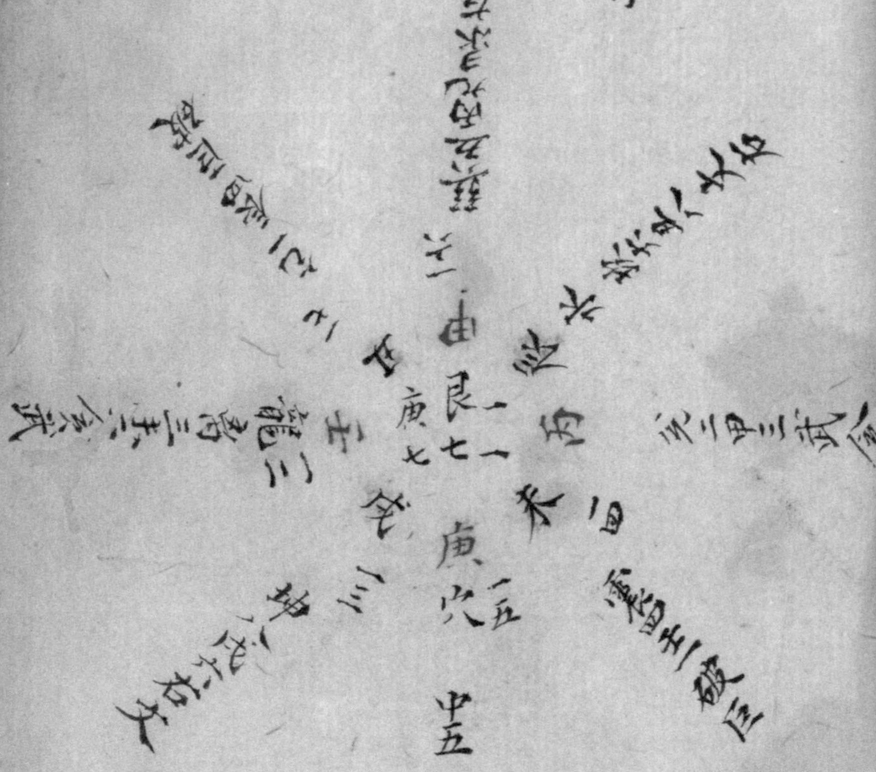

庚山甲向逆局
穴七离四坎●一
先天數六宮起逆行
山龍坐起甫順
平洋向起甫順　挨
庚交丑甲交未

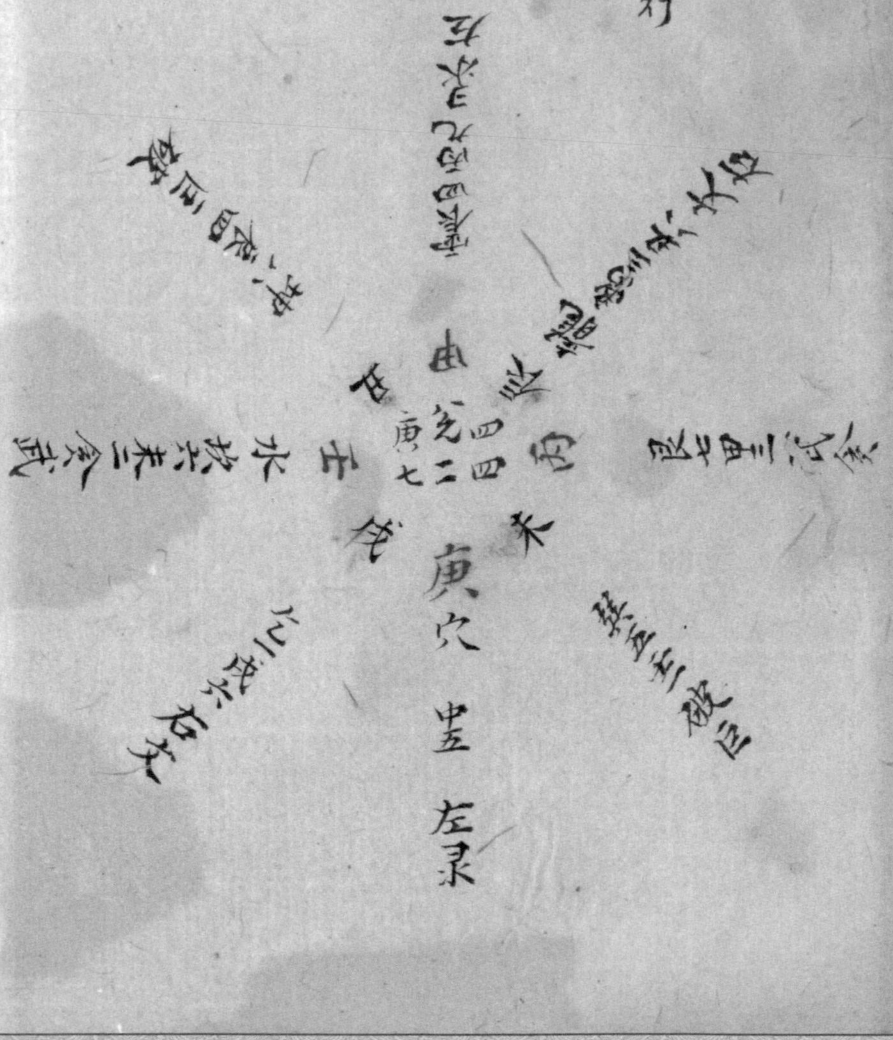

子山午向順局
穴九离三坎六
先天數在一宮起順行
山龍從坐起右逆挨
平洋從向起右逆挨
午交乞子交巽

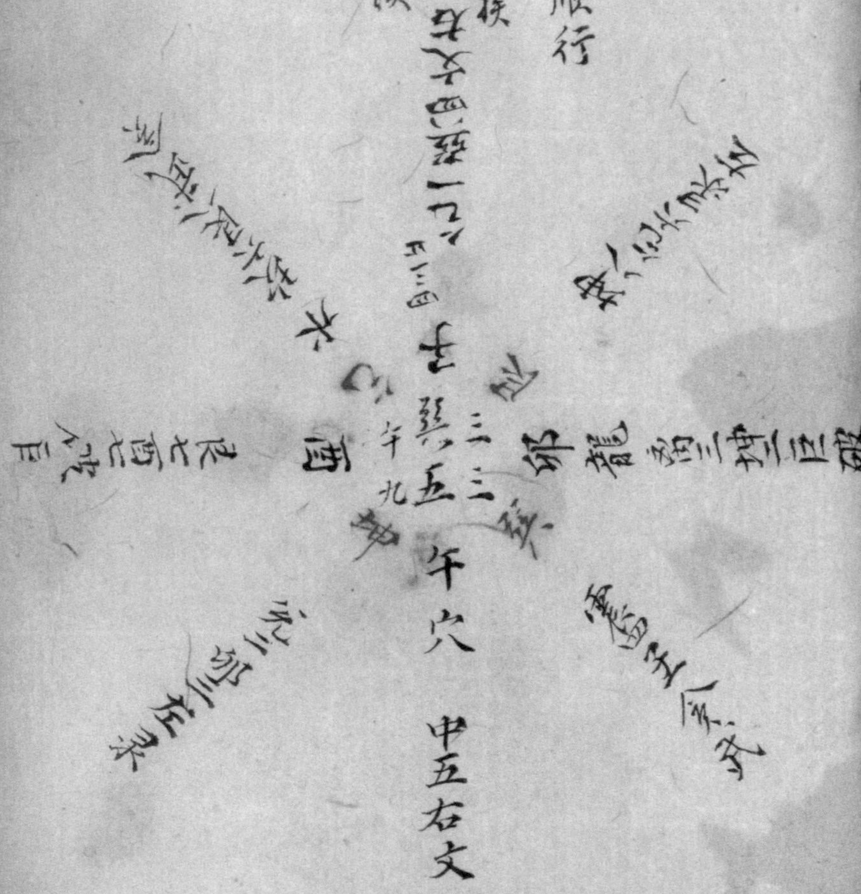

午山子向逆局
穴九畄六坎三
先天數在八宮起逆行
山龍從坐起右逆挨
平洋從向起右逆挨
午交乞子交巽

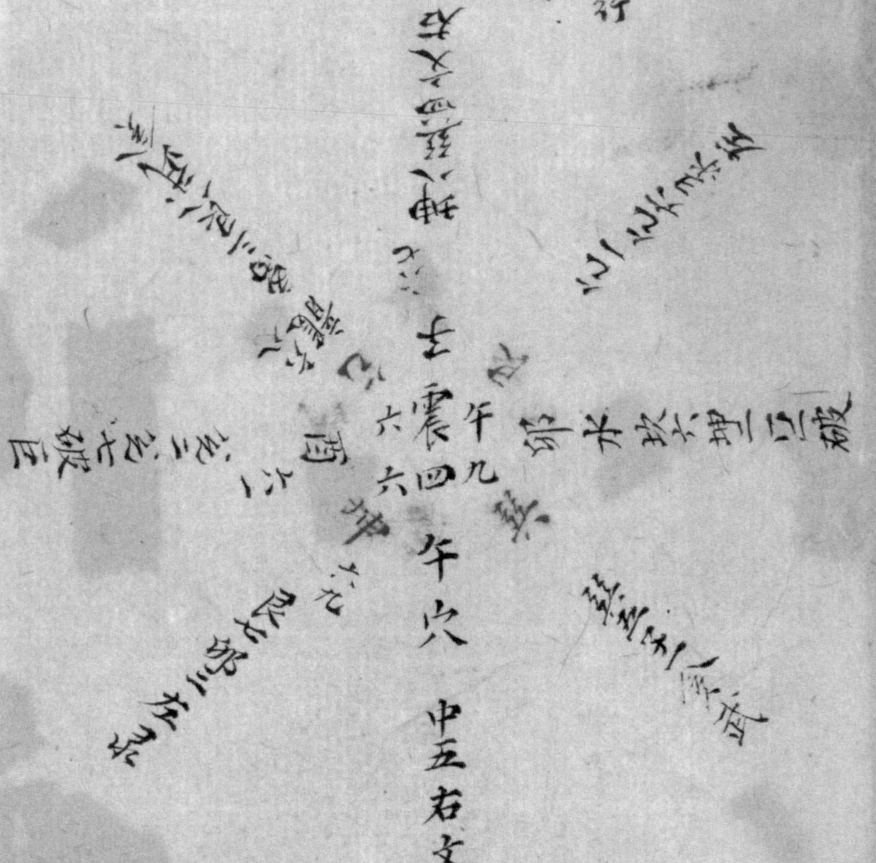

寅山申向順局

穴八屬二坎五

先天數九宮起順行

山龍坐 起甫逆挨（順）

平洋向

寅交申交乙（辛）

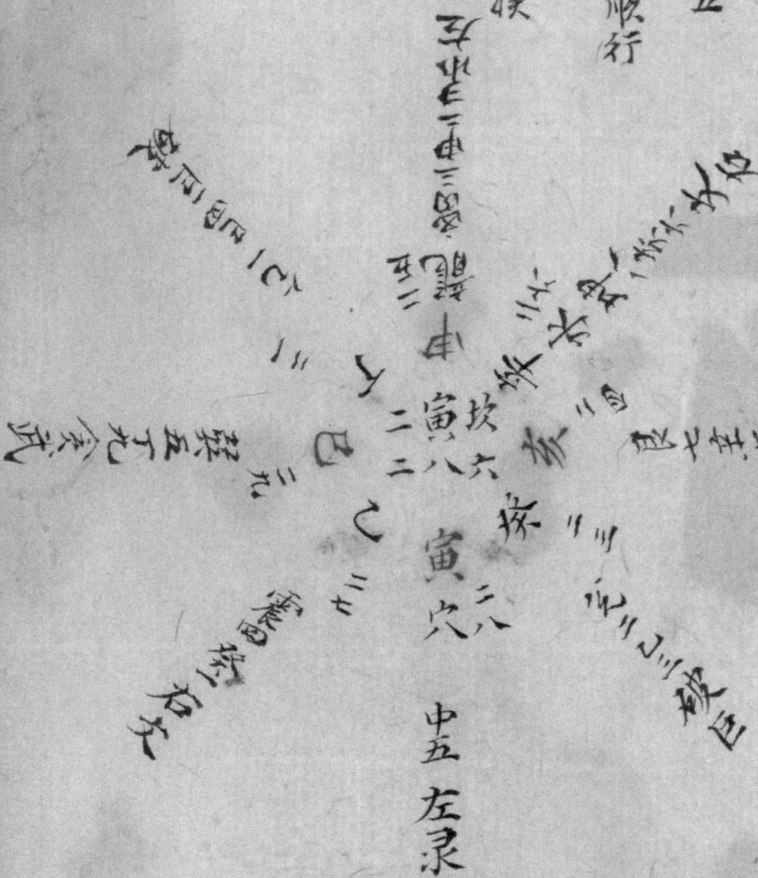

寅山甲向逆局
穴八离丘坎二
先天数七宮起逆行
山龍坐
起左順挨
平洋向
寅交辛申交乙

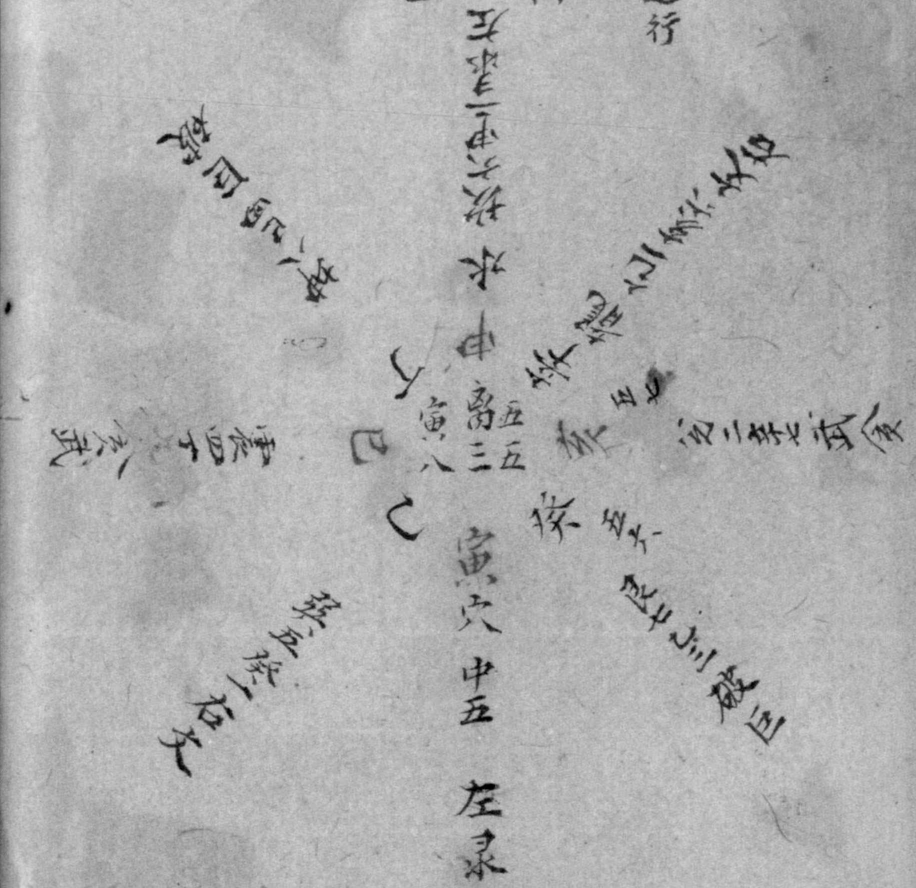

堪輿指迷賦 以自吾君身有仙骨尤該

蓋聞大極既分。陰陽斯異。此家言非。彼家言是。不得心傳。焉知要旨。造化豈在乎天。鍾靈實根於地。穴形龍砂。人人都說能明吉凶富貴。在在莫知趨自。原夫龍龍之為物也。變化無方。危潛乃喜。祖宗父母貴成格而成星。走內渡穿。要知行而知止。貪、巨、輔、武三吉故以為宗。祿、破、文、廉四凶亦誌作祖。凶中化吉。皆因入毬能純吉處藏凶只為頭不美。龍樓鳳閣並星辰於天朝。芳萊梧桐文筆誇乎甲第。帳幞屏簾帶倉庫。祿享千鍾。蜂腰鶴膝金魚蛇落流一世郎咸。但溜多因武勇。標名活動清奇。定產文人秀士。有帳有帶終開科無祿無官。終不仕貴格。本屬多端。斯言握乎大旨。富龍厚重

巨甫為先貧格單寒孤飄最忌龍行土金三五世代豐盈穴結甫
弼二三初中吉利急硬遭凶飽敧枉死活沃淫亂成風詭怪軍賊
不義格敵貴手能明穴必求識至是豈然穴易識穴魂難知穴場
可得穴暈多縱說〻陰〻似無而仍有微〻漢〻然顯而若昏亂
突窩鉗四象包乎千萬蓋粘倚撞四法出乎群倫取剛兮取柔精
心不離明眼當從兮當急妙法一準乎文棄正扦斜前後原有証
掾湊簷的蓋裁剪必察氤氳滴腦殼毬兒頸生死宜辨金剛肚善
薩面是非何云生第一團灵光非造乎我天心十道斟酌只在乎
君若乃砂〻秀美女貴本夫身反背為假灣環乃真玉帶仙宮佳名
可愛蟬翼牛角吉象地親破壓冲射探凶禍都能害我生旺奴洩

煞變化總是由人文筆沖天清高奪目軍旗擁日斜側成形形吉
從在凶方吉多凶少形凶卻居吉位吉屋已伸然而砂有吉凶水
有藏否屈曲而來之玄是走入懷倉板富有千箱索腳樸簾家無
乖斗捺急休貪靜平乃受蟹眼一滴最真蝦須雨止為首元辰不
乃直流水口猶期固守捍門華表不問乎高低玉象金獅何分乎
左右消納貴論親疏相替可知休咎究之談理而說法當世豈必
全無精義而入神古今書能多有且夫欲識明堂之訣係貴知向
首之訣闊不拘乎陰陽卦筆先求乎後樂朝山雲起東方西面自
有雲影花開水上池中定見花妍有真穴自有真朝收棄當明內
外有真龍必有真向眼力宜具神仙他如奇形怪穴義本庸常取

象喝形理原彷彿正星不可不明安体犹為難忽九星始於大陽
九安終於沒骨巧由心生法從理出分背面砂形向詳分陰陽龍
星並閣官思禽曜應認務其所以吞吐浮沉作法邑容倉卒推之
三般卦例人盡同然三合連珠吾獨不兼左兼右陰陽須配丙
迷左旋右旋龍形邑所二物落脈以穿山為宗入首惟透地是先
以玄以卦貴九六之沖和淨陰淨陽體後先之伸屈八宮審卦好
從向上閱因由七之演禽惟在坐山討消息生旺來而墓絕去大
旺財丁四神起而八將朝之端黼黻催官分中火二星發貴分二十
亦四吉十干化曜善消納山峯最宜二之大卦歸之空平洋難湖
為体為用貴於以而有成孰主孰賓原並行而不悖縱之家決

有象。惟求乘乎一綫。立見昌隆。理氣難憑。但做合乎一家也。誘兴逆。
。癸沈六圖地學正宗。朱文公一貫。難越。若夫選擇一端。先天之弗
。諸家斗首。數皆邪說誣民。造命天星直探。天根月窟。遵　時王之
。制取之無窮。和六民之生。用之不竭。爰為之歌曰。地理諸書乃汗
。牛絡絃棄亂会搜昌。從今點破迷离路。出主入奴早回頭。

先天後天

乾离南坤坎北神离震東坎兌西臨兌巽皆泊東南極
震艮乃為東北明惟有巽坤西南位艮先乾後西北局

後天先天

乾艮坎坤犹艮震之离巽兌是离乾
巽坤原來逢兌坎後先相見口中喧

嘗聞地輿之道。亘爭古而獨標。諸書詳解也繁。無實跡之奧。欲言未言詞意藏渺。欲吐未吐。理精法妙。必須明人指點。方知五九傳受陰陽二法。行龍擺掉貴乎牽連斷續之美。低平廣高。金木水火土之星。人皆舉目了然。行星因山至多。世人難辨。吉賤莫如北坎。至貴莫如水源。此中真假。以同別宝蓋龍之行藏也。尊權騰霄。低草平廣之行。溫純聳媚。青白形有正撞。赤黑橫天定。少星曜乃龍之髓。三字（尖圓方）拘定難逃。精爽端圓之秀。超拔異衆奇巧。但宜三昌幹度成峯。地育天造。峯之原也。以此公母作兼穴之定也。藏隱于苗。總之育無以定。乘峯配交。立脈坐體。精血環抱。蝦鬚須宜魚以貽分曉。高山平地。細認野郊。結處三動一靜。百死一生。峯倚蟹眼一滴為貴。莫致陰散陽消。穴窩須認金涧銀槽。藏神合朔。切勿輕覷。

関無正法。四正旋繞（遶）。情性憑據乎契相照。用此法。不差重毫。幹

龍陽來陰受。枝必陽去陰調。空陽休言為上。精流血散丟拋。壽敵

神迎鬼避。辨分明於大。小財谷僅於一圍。中富龍勢有曜。清貴必

於外。陰增廩庫祿名標。仍經小簾一帶。帶務要灣抱。科甲文昱之

名。玉棱屏誥。武而不文若何。壬癸勇躁。朝官鬃海山。圍帳帶飄搖。

公祖內外庫星。琴堂權操。堆垛龍來。富有倚鼓。幞貴連捧。貴居師

保縣令。陽六一陰。三釜月前府道。五七高峯。空育宰相英豪。大魁

及第。四土五金九島。正結霞帔。紛星萬人之母。名昭古往今來之

貴。第等戴於天朝。

龍經

大富之地祖山巨○丰滿肥厚有磊聚○父母高大精拿壯○有此山形富豪強○侍变堆叠居左右○星辰方圓幹拿長○手足双全下池大○拿聚手足任君裁○小口橫擱闲落中○三陽開泰盈星峰○

中富攻宅教君知○入首穴星肥壯體○手足饒讓收斂護○父母在後猶尊顧○初年中富地若何○只有穴星肥壯體○久遠中富何形樣○后堆龍来左右傍○星辰丰滿肥圓壯○砂轉水遶世榮昌○

小富之地曰如何○牛栖谷種然后知○入首穴星有灵气○當代衣食星體小○只有穴星入首好○后無父母龍不懶○一發如雷保初年○久遠財丁如何看○有小父母后龍精○手足双全長短收○上分八合肖

然週○先貧後富内堂凶○鉄滔出也漏扯風○三代外城横欄好外堂
注筆高鄉○高之富後貧外無関地户風摇破家產○内緊外寬外口
(然)斷驗如神妙奇哉○
綿遠富貴龍如何○金土龍行層叠多○開大族此在乎龍○〻三陽開泰
是星峯○龍真穴正面面好○千丁萬口世英雄○石林琛龍來穴星旺○砂
回外遠○世榮昌居小族此在乎穴○〻星丰厚端正结中富一定有
内堂龍真穴正穴星良○
兩趾活筆出名○公有些活筆出儒翁○或生官星或曜星○定知代〻
出文人○結穴星辰光秀麗○纔出文人世遠初○
細粟之龍要甫蹲○肥圓正起穴相得○界方曲指最為良○長則為甫短則方蹲○

出武秀士龍如何○龍身勇猛大中粗○侍度后龍帶祿星丰滿肥厚○
勇筆真○武科之龍亦要帳○侍安祖筆帶石裝左右手脚帶鎗旗○死
帶粗蠢不秀麗○武甲龍身猛活邊之穴嶔○乾穴要丰亦要后龍去
稜肥粗筆有文帶石肥○此出武家龍法訣登山去認不差別○
清貴之龍要生活三○全憑父母在後列○活忌夭邪不宜跌○阜要父
母後山獨○五跌亦跌活乱動○穿全深邪并狡猾父母山邪不藏拙○
縱有穴星邪淫動○官星丰厚要尖利○近官文吏負必貴之○
補廩一節教君認○后龍侍来世祿星旧鈎侍来尊星之起名為眾
貴肥壯休○龍要活硬父母大○結穴星辰秀麗筆○
若出教官何如形○后有小峙秀筆峯○龍有祿星肥壯休○上山去認不差移○

副榜貢生片死帶巨活龍身父母大后龍精壯出副榜中龍傳來
貢生揚決要片帶裏坡前若然帶雄例貢之
開科之龍一孔墻決要死帶去之椁長無帳無帶不開科□出去（認不差訛）
祖宗山皆活如蛇到頭生活更為佳開科不登琴堂位只欠祿星
來相配無帳無帶科如何須知入首要死蛾決要居龍堆幹牟夾
高廣大穴星丰龍居有帶二科龍
登了琴堂科不來只因帳幙細小開傳度中有庫祿星丰滿肥厚
方為真將到頭來尊星起若為祿庫肥滿体金星丰肥獨尊居或
然木星二如之傳度之間無祿星再要父母高大真氣祠活拿為
之龍若有此格登琴堂

進士一法聚講龍○進身頭帶翰林翁○行講之龍出散進○陽上一陰
知縣身○又要后龍帶玉梭○形如蚕樣腳如梭○似乎蚕腹今行結教
君仔細認梭形○又要后龍層疊帳○堆垛龍來左右傍○或居山谷或
大村○帳坐人君大聖尊○
三大魁龍教君認○九島之龍拜丹墀○龍活摺侍名為島○三清活筆　金木形
占魁高○父母高大遮片天○高曾祖考要層疊○有些山形來侍作宰
出榜眼探花郎○
宰相龍祖似雞冠○宰出兒孫之出官○玉階九級齊排大○宰出兒孫
相品端○相逢接串名為級○正出金星一順立○頂上角出玉階格十六
八層疊全体職○方階有無級不登相○不級無階身不旺○祖宗初發拆

天庭○若不揀天心矣莫言真○行過三五十生津○芙蓉抽帐好驚人○
天子龍祖似天台○三十六峯串揖層〻○恰似雲〻一○綫結時必定
埿中懷○又云三十六峯團圍密密○有缺一不可○同帝坐〻七星為帝座○
決出人君不差訛○若然帶石并粗硬○定出王侯而已矣○
皇后龍形教君認○水簾帳幙出妃人○定出正宮在其間○室信取星
大陰○遊星峯堆疊左右包○又要活穿丰肥厚○四圍拱揖盡朝同○
出賊之兇醜形容○刀背劍脊侍夾中○鎗刀器械盡挑衝○空知出賊
亂無涯○ 龍身瘦削斜擺凶○手貼鑲鉤欲穴中○面前小砂夾流砂○
空出小手在其內○旗鼓相應賊旦旺○旗鼓無應被捉傷○
邪淫〻〻飛似 女星女睡依〻去○邪淫之龍一路行○名為掃蕩

出淫术不柢無下直傳去○蒜子直傳俱蕩々牛食形様斜擺々○定決
淫邪決不差○父母山斜不藏拙○從有穴星々乖動○
貧賤行龍數君知○若高豈大瘦削枝○左右手腳美身來○刀背劍々谷
醜拙形○脈單瘦削不成龍○以大龍行作護擁○或去水口作橫攔○穴或
神祇社廟宮○祖宗出脈抹成純陰○世星世腳作人心○此此當作
○真誤盡多少世間人○搖々擺々梳斜行○摸　々輕定出孽
精令人驚○有始無終出怪人○死寡漫生徒々々乞食煖衣初年旺○
尾尖頭低牛食形○低々流斜々○九美界起星辰有些々○是木形火
側角生○

八尺巒頭

巒頭八尺教君認〇弓外五尺分紅〻窩鉗乳突燕〻〻〇落脈來清

結是真〻龍〇剝來此中聚〇弓外〇七分切莫疑〇龍從左來〻手從右〇龍入

從右來左迎就〇單從枝迎落一堂〇察脈入穴莫差〇胎精大定

盡花〇星辰不特穴魚遮〇星辰抹去無母山〇山〻穴〻散花〇半山

結穴認手尸〇龍虎姊髮收合托〇眠倒星（辰）扶起看〇尸〻要〻要兜金〇

平岡平洋認窒魚〇窒魚交會是真机〇明在穴迎開小口〻前開唇托

為至寶〇

龍穴陰陽教君詳〇針頭一節仔細商〇肥大藏〻屬為陰〇瘦小露些

是為堪〻〻藏穴〻為陰〇瘦小露穴〻為陽〇尤穴般大肥瘦分肥

陰瘦陽名相當。陰抱穴陽配陰龍。穴內陰陽以辨真。

大龍行度教君知。社宗頂上分尊卑。分開一〻三叉去。認以那条

上龍枝。星頂陣〻排羅漢。此星大龍行度時。又曰金木二星有正

侍。魁桐鈀頭夾扶尊。大龍行度帳幙開。堆峯疊嶂隊五。禾堆堞幸。

滿星疊疊。手了橫鎖數里外。大幹龍祖出各山齊。〻鋪〻廣排天。

常有雲霧多罩現。此星真龍大祖山。帳〻〻精〻壯。似乎雞臂

肥厚樣。若然出脈瘦小。碾。此龍傳出星輕浮〻

中龍行度若何譯。傳受之間略述星。左右手肋略些巨。巨〻飄數里

疑秉滿。一起一伏有尊星。〻〻〻〻〻〻〻〻〻〻龍〻近近穩如何。

中途若不起祖山。〻近穩〻龍係〻〻〻〻

二龍行度若仙穴。略起星頂欹違。　須有了龍身秀倚。安星頂

精神毬。氣焰小龍轉換行。逶迤擺折未了。

教君以山看地形。一登穴中合星辰。坐星一法合星辰穴中內裏

要藏隱。穴頂合起了斂。止不留五星金木。　土星之根蒂。不

成星休枉心。裁星辰莫特不宜缺。若然穴。　裁星辰丰厚肥

圓壯。長短了斂最為良。穴頂圓滿挨柳壯。微有之峯生穴塲。遍身

丰厚鋪毬好。星如帽亮不成樣。合心一法看後龍高曾祖考起尊

峰。大尤出大小出小。依法看來不差毫。分了不斂不須求。一身無

散以精流。

穴中精血合陽

亡身為男陽氣真。粧稜開面便成精。八身為女名為血。開窩斂氣便為陰。大地精氣穴星肥。略開小口便為（最）美。小地血多星瘦削遍身唇缺如蜆殼。大地化氣丰肥体。全分土星有化氣。小地分合界分清。木火二星有此証。

木火二星有化氣分合清楚為乘氣。

辰巽亥。盡是武（文）曲位。艮丙辛。位位是破軍（貪星）。寅庚丁（庚午寅）。以例作貪星（右弼此星真）。

（丁）午酉丑。右弼（破軍）七八九。甲癸（子）申。貪狼一路行。巽壬乙。巨門從頭出。

（癸）子未卯。一二（三山）三祿（福存智）存。乙戌巳。文（武）曲廉中次。

心一堂術數古籍珍本叢刊　第一輯書目

占筮類			
1	擲地金聲搜精秘訣	心一堂編	沈氏研易樓藏稀見易占秘鈔本
2	卜易拆字秘傳百日通	心一堂編	
3	易占陽宅六十四卦秘斷	心一堂編	火珠林占陽宅風水秘鈔本
星命類			
4	斗數宣微	【民國】王裁珊	民初最重要斗數著述之一；未刪改本
5	斗數觀測錄	【民國】王裁珊	失傳民初斗數重要著作
6	《地星會源》《斗數綱要》合刊	心一堂編	失傳的第三種飛星斗數
7	《斗數秘鈔》《紫微斗數之捷徑》合刊	心一堂編	珍稀「紫微斗數」舊鈔秘本
8	斗數演例	心一堂編	
9	紫微斗數全書（清初刻原本）	題【宋】陳希夷	斗數全書本來面目；有別於錯誤極多的坊本
10－12	鐵板神數（清刻足本）——附秘鈔密碼表	題【宋】邵雍	無錯漏原版秘鈔密碼表　首次公開！
13－15	蠢子數纏度	題【宋】邵雍	蠢子數連密碼表打破數百年秘傳　首次公開！
16－19	皇極數	題【宋】邵雍	清鈔孤本附起例及完整密碼表研究神數必讀！
20－21	邵夫子先天神數	題【宋】邵雍	附手鈔密碼表研究神數必讀！
22	八刻分經定數（密碼表）	題【宋】邵雍	皇極數另一版本；附手鈔密碼表
23	新命理探原	【民國】袁樹珊	子平命理必讀教科書！
24－25	袁氏命譜	【民國】袁樹珊	
26	韋氏命學講義	【民國】韋千里	民初二大命理家南袁北韋北韋之命理經典
27	千里命稿	【民國】韋千里	
28	精選命理約言	【民國】韋千里	
29	滴天髓闡微——附李雨田命理初學捷徑	【民國】袁樹珊、李雨田	命理經典未刪改足本
30	段氏白話命學綱要	【民國】段方	民初命理經典最淺白易懂
31	命理用神精華	【民國】王心田	學命理者之寶鏡

32	命學探驪集	【民國】張巢雲	發前人所未發 稀見民初子平命理著作
33	澹園命談	【民國】高澹園	
34	算命一讀通——鴻福齊天	【民國】不空居士、覺先居士合纂	
35	子平玄理	【民國】施惕君	
36	星命風水秘傳百日通	心一堂編	
37	命理大四字金前定	題【晉】鬼谷子王詡	源自元代算命術
38	命理斷語義理源深	心一堂編	稀見清代批命斷語及活套
39－40	文武星案	【明】陸位	失傳四百年《張果星宗》姊妹篇　千多星盤命例　研究命學必備
相術類			
41	新相人學講義	【民國】楊叔和	失傳民初白話文相術書
42	手相學淺說	【民國】黃龍	民初中西結合手相學經典
43	大清相法	心一堂編	重現失傳經典相書
44	相法易知	心一堂編	
45	相法秘傳百日通	心一堂編	
堪輿類			
46	靈城精義箋	【清】沈竹礽	沈氏玄空遺珍 玄空風水必讀
47	地理辨正抉要	【清】沈竹礽	
48	《玄空古義四種通釋》《地理疑義答問》合刊	沈瓞民	
49	《沈氏玄空吹虀室雜存》《玄空捷訣》合刊	【民國】申聽禪	
50	漢鏡齋堪輿小識	【民國】查國珍、沈瓞民	
51	堪輿一覽	【清】孫竹田	失傳已久的無常派玄空經典
52	章仲山挨星秘訣（修定版）	【清】章仲山	章仲山無常派玄空珍秘 門內秘本首次公開 沈竹礽等大師尋覓一生末得之珍本！
53	臨穴指南	【清】章仲山	
54	章仲山宅案附無常派玄空秘要	心一堂編	
55	地理辨正補	【清】朱小鶴	玄空六派蘇州派代表作
56	陽宅覺元氏新書	【清】元祝垚	簡易・有效・神驗之玄空陽宅法
57	地學鐵骨秘　附　吳師青藏命理大易數	【民國】吳師青	釋玄空廣東派地學之秘
58－61	四秘全書十二種（清刻原本）	【清】尹一勺	玄空湘楚派經典本來面目 有別於錯誤極多的坊本

62	地理辨正補註　附　元空秘旨　天元五歌　玄空精髓　心法秘訣等數種合刊	【民國】胡仲言	貫通易理、巒頭、三元、三合、天星、中醫
63	地理辨正自解	【清】李思白	公開玄空家「分率尺、工部尺、量天尺」之秘
64	許氏地理辨正釋義	【民國】許錦灝	民國易學名家黃元炳力薦
65	地理辨正天玉經內傳要訣圖解	【清】程懷榮	秘訣一語道破，圖文并茂
66	謝氏地理書	【民國】謝復	玄空體用兼備、深入淺出
67	論山水元運易理斷驗、三元氣運說附紫白訣等五種合刊	【宋】吳景鸞等	失傳古本《玄空秘旨》《紫白訣》
68	星卦奧義圖訣	【清】施安仁	三元玄空門內秘笈　清鈔孤本 過去均為必須守秘不能公開秘密 與今天流行飛星法不同
69	三元地學秘傳	【清】何文源	
70	三元玄空挨星四十八局圖說	心一堂編	
71	三元挨星秘訣仙傳	心一堂編	
72	三元地理正傳	心一堂編	
73	三元天心正運	心一堂編	
74	元空紫白陽宅秘旨	心一堂編	
75	玄空挨星秘圖　附　堪輿指迷	心一堂編	
76	姚氏地理辨正圖說　附　地理九星并挨星真訣全圖　秘傳河圖精義等數種合刊	【清】姚文田等	蓮池心法　玄空六法 門內秘鈔本首次公開
77	元空法鑑批點本——附　法鑑口授訣要、秘傳玄空三鑑奧義匯鈔　合刊	【清】曾懷玉等	
78	元空法鑑心法	【清】曾懷玉等	
79	蔣徒傳天玉經補註	【清】項木林、曾懷玉	
80	地理學新義	【民國】俞仁宇撰	
81	地理辨正揭隱（足本）　附連城派秘鈔口訣	【民國】王邀達	揭開連城派風水之秘
82	趙連城傳地理秘訣附雪庵和尚字字金	【明】趙連城	
83	趙連城秘傳楊公地理真訣	【明】趙連城	
84	地理法門全書	仗溪子、芝罘子	巒頭風水，內容簡核、深入淺出
85	地理方外別傳	【清】熙齋上人	巒頭形勢、「望氣」「鑑神」
86	地理輯要	【清】余鵬	集地理經典之精要
87	地理秘珍	【清】錫九氏	巒頭、三合天星，圖文並茂
88	《羅經舉要》附《附三合天機秘訣》	【清】賈長吉	清鈔孤本羅經、三合訣法圖解
89-90	嚴陵張九儀增釋地理琢玉斧巒	【清】張九儀	清初三合風水名家張九儀經典清刻原本！